Jürgen Hesse / Hans Christian Schrader

Bewerbungsstrategien für Abiturienten

Eichborn Verlag

Die Autoren

Jürgen Hesse, Jg. 1951, Diplom-Psychologe im Büro für Berufsstrategie, Geschäftsführer der Telefonseelsorge Berlin.
Hans Christian Schrader, Jg. 1952, Diplom-Psychologe am Krankenhaus Am Urban (Abt. Psychotherapie/Psychosomatik) in Berlin.
Div. gemeinsame Veröffentlichungen, u.a.: Das neue Test-Trainings-Programm; Testaufgaben (Eichborn Verlag); Testtraining für Ausbildungsplatzsucher (Fischer Taschenbuch Verlag); Jetzt erfolgreich bewerben; Bewerbungsstrategien für Hochschulabsolventen; Testtraining für Ausbildungsplatzsuchende der neunziger Jahre (Eichborn Verlag).
Beide Autoren verfügen über mehrjährige Erfahrungen als Seminarleiter bei Test- und Bewerbungstrainings.

Anschrift der Autoren
Jürgen Hesse/Hans Christian Schrader
c/o Eichborn Verlag
Hanauer Landstraße 175
6000 Frankfurt a.M. 1

oder direkt an
Hesse/Schrader
Büro für Berufsstrategie
Handjerystr. 17
1000 Berlin 41
Tel. 030 – 401 18 27

Die Deutsche Bibliothek – CIP-Einheitsaufnahme

Hesse, Jürgen:
Bewerbungsstrategien für Abiturienten / Jürgen Hesse ; Hans Christian Schrader. – Frankfurt am Main : Eichborn, 1992
ISBN 3-8218-1295-8
NE: Schrader, Hans Christian:

Umschlaggestaltung: Rüdiger Morgenweck.
Gesamtherstellung: Fuldaer Verlagsanstalt GmbH.
ISBN 3-8218-1295-8
Verlagsverzeichnis schickt gern:
Eichborn Verlag, Hanauer Landstr. 175, D-6000 Frankfurt 1.

Das ganze Leben ist ein Quiz, und wir sind nur die Kandidaten.
Hape Kerkeling

Inhalt

Erlebnisse

Berufseinstieg

Merksätze

Fast-Reader

Erste Orientierung für eilige Leser

Egal, ob Sie den Abiturstreß noch vor sich haben oder gerade ganz euphorisch über die gerade bestandene Reifeprüfung sind – eins ist sicher:

Die nächste Prüfung folgt garantiert. Ob Studien- oder Ausbildungsplatz – Sie müssen sich bewerben.

Bei den Prüfungen in der Schule wußten Sie in etwa, was auf Sie zukommt. Das Berufsleben stellt völlig neue, ungewohnte Anforderungen. Das zeigt sich jetzt erstmals in der Bewerbungssituation. Gute Vorbereitung und Wissen, worauf es ankommt, zahlt sich aus.

Dieses Buch bietet Ihnen in sechs Hauptkapiteln das aktuelle Spezialwissen für Ihre richtige Bewerbungsstrategie als AbiturientIn:

Wie denn das?

1. Durch **Orientierung und Bestandsaufnahme** klarer sehen, um
2. besser **auswählen, entscheiden, recherchieren** und **vorbereiten** zu können.
3. Sie erfahren alles über die **erste schriftliche Kontaktaufnahme** und
4. das wichtigste über **Tests** und natürlich detailliert
5. wie das **Vorstellungsgespräch** abläuft und zusätzlich:
6. was Sie sonst noch drauf haben müssen für den erfolgreichen Berufseinstieg.

Die Suche nach einem Ausbildungsplatz bedeutet Schwerstarbeit. Dieses Buch hilft und verdeutlicht, worauf es wirklich ankommt – bei Bewerbungsplanung, Anschreiben, Lebenslauf, Tests und Vorstellungsgespräch.

- Wie stellen Sie es an, eingestellt zu werden? (S. 31)
- Tips, Tricks und Tretminen – die häufigsten Fehler und wie Sie diese vermeiden. (S. 152)
- Ausgangsposition und Vorbereitung – wissen, was zählt. (S. 15)
- Bewerbungsschreiben – die Kunst, sich zu »vermarkten«. (S. 41)

- Alle Fragen, die Ihnen Personalchefs und Ausbilder im Vorstellungsgespräch stellen können, und wie Sie am besten darauf antworten. (S. 91)

- Wie reagieren Sie auf unangenehme Fragen: Was spricht gegen Sie als BewerberIn? / Was sind Ihre negativen Eigenschaften? (S. 128)

- Wann dürfen Sie ungestraft lügen und warum? (S. 132)

- Wie bringen Sie Personalchefs und Ausbilder zu der Überzeugung, daß Sie die/der Richtige sind? (S. 116)

- Was sind unheimliche Begegnungen der 3. Art – wie z.B. Assessment Center –, und wie können Sie sich davor schützen? Testfrage: Welcher Tag war vorgestern, wenn der Tag nach übermorgen zwei Tage vor Samstag liegt? (S. 68)

- Was Goethe, Schalck-Golodkowski, Hape Kerkeling, Michael Jackson, Lenin, Marlene Dietrich und die Toten Hosen dem Bewerber in seiner schwierigen Situation raten, finden Sie genauso in diesem Buch wie Woody Allens Meinung: Ich möchte nicht bei einer Firma arbeiten, wo Leute wie ich eingestellt werden. Spaß beiseite – das Thema ist ernst, aber auch Bertolt Brecht empfahl schon Lachen und Lernen miteinander zu verbinden, wenn es der Sache dient.

∗ *Entschuldigen Sie, Herr Hesse, Herr Schrader, wenn wir uns hier einmischen. Aber vielleicht haben Sie ja nur vergessen, uns vorzustellen. Deshalb machen wir das jetzt selbst. Gestatten Sie, mein Name ist Mühsam, ich bin gelernter Bürokaufmann und war jahrelang in verantwortungsvoller, leitender Position tätig. Und das hier ist Frau Voss.*

∗ *Vielen Dank, Herr Mühsam für die Vorstellung. Durch meine jahrelange, aufreibende Berufserfahrung als Chefsekretärin für Dr. Meyerhoffer von den Vereinigten Wasser- und Elektrizitätswerken kann ich nur sagen: Meine Botschaft an die jungen, lieben Leser lautet: Alles leichter gesagt als getan.*

– Nun, das soll uns hier zunächst vollauf genügen, Frau Voss und Herr Mühsam. Haben Sie recht vielen Dank.

Liebe Leserin, lieber Leser, wir bitten um Nachsicht, aber wir werden auf den reichen Erfahrungsschatz von Frau Voss und Herrn Mühsam bestimmt noch zurückgreifen und sie an geeigneter Stelle zu Wort kommen lassen – bloß jetzt nicht …

∗ *Versprochen?*
– Aber selbstverständlich, versprochen.

Und noch etwas: Machen Sie doch mit bei der Verleihung der goldenenen Daumenschrauben für rüden Umgang mit Bewerbern und Ausbildungsplatzsuchenden in diesem unserem Lande. Zweckdienliche Hinweise nimmt jeder Briefkasten entgegen (s.S. 154).

∗ *Darf ich Sie, lieber Herr Mühsam, gleich mit einer Frage behelligen, die mich schon längere Zeit bewegt?*
∗ *Aber gern doch, Frau Voss!*
∗ *Was, Herr Mühsam, ist eigentlich der Unterschied zwischen einer Fahrrad- und einer Reifenprüfung?*

Entscheidungen

Können wir Ihnen schon zum bestandenen Abitur gratulieren oder ist noch Gelegenheit, zu dem bevorstehenden Prüfungsritual alles alles Gute zu wünschen?

Vielleicht haben Sie ja auch bereits ein, zwei Semester studiert bzw. Ihre Zeit anders zugebracht (siehe unten), oder Ihnen bleibt noch deutlich über ein Jahr Zeit bis zum Abitur – aber Sie beschäftigen sich schon jetzt mit dem Thema:

Abitur und was tun?

... fragen sich jedes Jahr über drei Millionen junger Menschen. Lediglich ein Drittel von ihnen weiß zum Zeitpunkt des Abiturs relativ sicher, in welche Richtung der berufliche Weg führen soll.

Unser Leben wird nachhaltig durch zwei große Entscheidungen geprägt. Kommen Sie selbst darauf, welche wir meinen?

∗ *Jetzt tauchen die aber tief rein ins Philosophische, Herr Mühsam.*

∗ *Lassen Sie doch mal ruhig hören, was kommt, Frau Voss ...*

Es geht um die Entscheidung für den einen oder anderen Lebenspartner...,

∗ *Da sind Sie, liebe Leserinnen und Leser, aber sicher noch am Experimentieren ...*

∗ *... nun ja doch, Herr Mühsam, das hat doch wirklich alles noch Zeit für die jungen Leute ...*

... und – gerade jetzt in Ihrem Lebensabschnitt – geht es um die wichtige Entscheidung »richtige Berufswahl«. Das Arbeitsamt bringt es in seinen Broschüren auf den Punkt: »Mach's richtig!« Leichter gesagt, als getan.

Beide Entscheidungen beeinflussen ganz wesentlich Zufriedenheit, Lebensgefühl und -qualität. Fehlentscheidungen in diesen bedeutsamen Lebensbereichen sind sicherlich korrigierbar – aber: scheiden tut weh.

Wenn wir hier von wichtigen Entscheidungen mit großer Tragweite sprechen, klingt das so, als ob jeder Mensch stets alle Möglichkeiten der freien Wahl zur Verfügung hätte. Soziale und individuelle (auch unbewußte) Faktoren beeinflussen aber sowohl die Partner- als auch die Berufswahl – »Wahlen«, bei denen wir häufig alles andere als »freie, selbstbestimmte Wähler« sind.

Da gibt es – um uns auf die berufliche Entscheidung zu konzentrieren – soziale Zwänge, die z.B. ein Studium nach dem Abitur für den einen oder anderen als einfach nicht realisierbar erscheinen lassen (Geldmangel, NC, zu wenig Unterstützung durch Bezugspersonen usw.). Da existiert vielleicht auch ein nicht zu unterschätzender familiärer Psychodruck, der einen mehr oder weniger sanft in eine bestimmte Berufsrichtung lenken möchte (»Urgroßvater, Großvater und Dein Vater haben den Betrieb aufgebaut, und Du willst Dich jetzt vor der Verantwortung drücken und lieber Philosophie studieren!«).

Im Sinne der altgriechischen Tempelinschrift »Werde, der du bist« gilt es aber, der Fremdbestimmung durch äußere und innere Faktoren weitgehend entgegenzuwirken. Das bedeutet herauszufinden, was man wirklich will und mit diesem selbst bestimmten Ziel vor Augen mutig seinen eigenen Weg zu gehen.

Sie stehen also vor einer wichtigen Entscheidung. Es gilt, Weichen zu stellen. Ihre bisherigen Einflußmöglichkeiten waren stark begrenzt. Sie konnten sich nicht aussuchen, ob Sie – kraß formuliert – mit dem silbernen Löffel im Mund im Hause Hohenzollern zur Welt kommen oder beispielsweise als Flüchtlings-Kind im Notaufnahmelager Berlin-Marienfelde.

Auch Ihr Einfluß auf Ihre Schullaufbahn war verschwindend gering: Ob auf dem Johann-Wolfgang-von-Goethe-Gymnasium in Frankfurt am Main oder der polytechnischen Oberschule »Karl Liebknecht« in Frankfurt an der Oder – das Schicksal verschlug den einen da-, den anderen dorthin.

Jetzt aber, mit zunehmender sogenannter »Reife«, bevorstehender oder schon erlangter Volljährigkeit und dem Herauswachsen aus einer infantilen Rollenposition (obwohl man für die Eltern lebenslänglich »Kind« bleibt), sind Sie erstmalig gravierend in Ihrer Entscheidungskompetenz gefordert: Es gilt, die Weichen für eine der wichtigsten Lebensentscheidungen richtig zu stellen. Abitur – und was dann?

Dieses Buch ist kein spezieller Ratgeber in Sachen Berufswahl. Es ersetzt weder einen Besuch im Berufsinformationszentrum (BIZ), noch eine persönliche Berufsberatung beim Arbeitsamt.

Unsere primäre Intention liegt darin, Ihnen Schlüssel und Strategien für eine erfolgreiche schriftliche und mündliche Bewerbung in die Hand zu geben.

Aber noch mal zum Stichwort »Was tun?«.

Mach' mal Pause!

Vielleicht fragen Sie sich ja: Muß der Streß nach dem Abitur wirklich gleich weitergehen oder kann das Motto jetzt auch heißen: »Mach' mal Pause!«

Verständlich, wenn sich bei Ihnen Bedürfnisse nach Erholung, Entspannung und Kontrasterfahrungen deutlich melden. Das haben Sie sich verdient, das sollten Sie sich auch gönnen.

Lassen Sie sich das nicht einreden: Eine Unterbrechung ist keinesfalls vertane Zeit – im Gegenteil: Gerade bei der »Rekreation« läßt sich manches bedenken, Klarheit gewinnen und die eigene berufliche Zukunft planen.

Von der reinen Erholungsreise über den gezielten Auslandsaufenthalt (evtl. mit Sprachstudium) bis hin zu arbeitsweltbezogenen Erfahrungen (Jobben, Praktika, soziales Jahr) ist vieles denkbar, sinnvoll und ganz sicher auch machbar.

Dabei können Sie immer Erfahrungen sammeln und Einsichten gewinnen, die für Ihre Berufswahl und den sich daraus ergebenden Weg von Bedeutung, vielleicht sogar von großem persönlichem Vorteil sind.

Ob als Au-pair in London oder Paris, als Ausgrabungshelfer in Ägypten oder in der Türkei, ob Erntehelfer im Kibbuz oder Animationsassistent im Club Mediteranne – immer besteht eine gute Chance zur Horizonterweiterung.

Dieses Ziel erreicht man aber selbstverständlich auch vor Ort als Praktikant im Maschinen- oder Gartenbau, bei der Mithilfe in sozialen Diensten, im Engagement für behinderte Kinder oder chronisch kranke Geriatriepatienten.

Es lohnt sich allemal, hierfür drei Monate, ein halbes oder sogar ganzes Jahr zu investieren. Eine für die Selbstfindung und Persönlichkeitsentwicklung derart sinnvoll zu nutzende Interimszeit wird es sehr wahrscheinlich nicht ein zweites Mal in ihrem Leben geben.

Lassen Sie sich von geheimen Neidern bei Projekten dieser Art nicht in die Ecke der »Müßiggänger«, »Gammler« oder »Faulpelze« drängen. Für

Vorhaben der eben skizzierten Art benötigen Sie Kreativität, Mut, Durchsetzungs- und Durchhaltevermögen. Das zeichnet Sie aus.

Also, was ist? Nehmen Sie das Buch mit ins Reisegepäck oder lesen Sie gleich weiter?

Wie geht's weiter?

Klassisches Abitur = allgemeine Hochschulreife. Konsequenz: Sie können eine Berufsausbildung durch ein **Studium** an einer wissenschaftlichen, Kunst-, Sport-, Musik, Fach- oder Gesamthochschule absolvieren.

Aber auch eine **Berufsausbildung** in Wirtschaft (Handel, Banken, Versicherungen, Industrie) oder im Öffentlichen Dienst steht Ihnen zur Auswahl.

Andererseits ist eine **schulische Berufsausbildung** (z.B. Krankengymnastik, Fotografie, Design usw.) denkbar.

Mit dem Abschluß der Fachhochschulreife in der Tasche sind Ihre Möglichkeiten zunächst geringfügig eingeschränkt (Berufsausbildung durch *Studium* an Fach- bzw. Gesamthochschule). Doch selbst hier gibt es diverse Erweiterungs- und Übergangsmöglichkeiten, die Ihnen mit einem gewissen zusätzlichen Lern- und Zeitaufwand alle oben aufgeführten Berufsbildungsmöglichkeuten eröffnen.

Für die Uni spricht die Tatsache, daß sich bestimmte berufliche Ziele bzw. gehobene Positionen in der Wirtschaft nur mit einem Hochschulstudium erreichen lassen. Für eine außeruniversitäre Ausbildung spricht die kürzere Ausbildungsdauer mit der Konsequenz der früheren finanziellen Unabhängigkeit. Hinzu kommt die Chance, daß der Übergang von der Ausbildung in den Beruf in der Regel unproblematischer verläuft als nach abgeschlossenem Hochschulstudium.

Eine berufliche Ausbildung nach dem Abitur kommt besonders denjenigen entgegen, die sich weniger für theoretisch-wissenschaftliche als vielmehr für praktisch-organisatorische Tätigkeiten interessieren bzw. geeignet fühlen.

Wissen Sie, daß man sich nach dem Abitur als Alternative zum Studium bei Unternehmen und Berufsakademien zu folgenden höchst unterschiedlichen Berufen ausbilden lassen kann: Abteilungsleiter-Assistent, Betriebswirt (in vielen Varianten), Biologisch-Technischer Assistent, DV-Kaufmann, Elektrotechnischer Assistent, staatlich geprüfter Handelsassistent (verschiedene Branchen), Diplom-Ingenieur Elektrotechnik (BA), Mathematisch-technischer Assistent, Pharmazeutisch-, Physikalisch-Technischer Asssistent, Werbekaufmann, Wirtschafts-Assistent – um nur einige zu nennen (ausführliche Informationen mit konkreten Ausbildungsadressen bekommen Sie bei der Berufsberatung für Abiturienten Ihres Arbeitsamtes).

Wie bereits gesagt: Wofür auch immer Sie sich entscheiden: An einer Bewerbungssituation führt kein Weg vorbei. Denn selbst um einen Studienplatz muß man sich heutzutage schließlich bewerben. Wenn das auch nicht Hauptthema unseres Buches ist, so sind doch viele Vorüberlegungs-Schritte sehr wohl identisch.

Letztendlich geht es immer um die Fragen: Für welche Form der Ausbildung, für welches Berufsziel bewerbe ich mich, und wie bewirbt man sich erfolgreich? Wer sich aber bewirbt, muß wissen, wofür und warum.

Das leitet über zu den konkreten Ausgangsfragen:

Was kann ich, was will ich und was ist möglich?

Sich mit diesem Fragenkomplex aus dem Stand heraus beschäftigen zu wollen, wäre ein Brocken, an dem man sich leicht verschlucken kann.

Ein Experiment: Sicherlich besitzen Sie einen Kasettenrecorder. Legen Sie eine Leerkasette ein, drücken Sie auf Aufnahme und sprechen Sie eine gute viertel Stunde darüber, was Ihnen spontan zu diesen Fragen (Was kann ich? – Was will ich? – Was ist möglich?) einfällt.

Dieses kleine Experiment lohnt sich wirklich. Geben Sie Ihrem »inneren Schweinehund« nicht nach und lesen Sie jetzt nicht weiter. Wer kein Tonbandgerät zur Verfügung hat, muß notgedrungen Papier und Bleistift zur Hand nehmen und sich schriftlich zu den drei Fragen äußern.

Das ist Ihnen alles zu blöd und macht Ihnen viel zu viel Arbeit? Tun Sie es trotzdem!

Klärung

Können, Wollen, Möglichkeiten

War es schwer, eine viertel Stunde frei über diese drei Aspekte zu sprechen?

Das wäre nicht weiter verwunderlich, so geht es ohne Vorbereitung wohl 90% aller Abiturienten. Sie werden nun bald zu den 10% gehören, die dies spielend bewältigen.

Was kann ich?

Grob zu unterscheiden sind (zukünftige) berufliche und nicht berufliche Fähig- bzw. Fertigkeiten. Oftmals gibt es dabei Überschneidungen.

Wie kommen Sie diesen Qualitäten auf die Spur? Wo anfangen und: worauf kommt es an? Hier geht es natürlich vor allem um Ihren persönlichen Standort, um Ihre Ausgangspostion. Einige Beispiele:

- In welchen Schulfächern waren Sie gut bzw. an welchen hatten Sie ein starkes Interesse?
- Welche handwerklichen, technischen oder künstlerischen (musischen) Fähigkeiten haben Sie?
- Verfügen Sie über besondere Fähigkeiten im Umgang mit Menschen und/oder haben Sie organisatorisches Geschick (vielleicht hat man Sie zum Kassenwart Ihres Sportvereins gemacht, weil viele Menschen Ihnen vertrauen und Sie Geschick im Umgang mit den Vereinsfinanzen bewiesen haben)?
- Haben Sie Hobbys oder ausgeprägte (außerschulische) Interessen, bei denen Ihre besonderen Fähigkeiten deutlich werden (z.B. Schachspielen = logisch-analytisches Denken oder Angeln = Geduld, Ausdauer, Gelassenheit; es könnte aber auch ein erfolgreich betriebener Mannschaftssport sein, der für Ihren Teamgeist spricht)?

Systematischer kann man ein Profil der eigenen Fähigkeiten so aufstellen:

1. Persönliche Eigenschaften und Merkmale
2. Ausbildungs- und (zukünftige) berufliche Qualifikationsmerkmale
3. Freizeit-Fähigkeiten und -Aktivitäten

Zu 1 (Persönlichkeit):
Unter der Fragestellung »Was kann ich?« (aber auch: »Was nicht?«) sollten Sie zu Ihren persönlichen Eigenschaften und Merkmalen folgende Fragen ausführlich klären:

- Was sind Ihre wichtigsten persönlichen Stärken (im Sinne von positiven Wesens- und Charaktermerkmalen)?
- Und nun zum Gegenteil: Was sind Ihre größten Schwächen?

Zu 2 (Ausbildung/Beruf):
- Wo glauben Sie, liegen – aufgrund Ihrer schulischen Ausbildung, aber auch sonstiger Neigungen und Interessen – Ihre wichtigsten Fähigkeiten für einen zukünftigen Beruf?
- Auf welchen zukünftigen beruflichen Gebieten vermuten Sie (zunächst) Defizite und warum?

Zu 3 (Freizeit):
- Durch welche besonderen Aktivitäten und/oder Fähigkeiten zeichnen Sie sich in Ihrer Freizeit aus?
- Auf welchen Gebieten wünschen Sie sich mehr Fähigkeiten oder ein stärkeres Engagement?

Nach der (am besten schriftlichen) Bearbeitung dieser Hauptfragen sollen Ihnen die folgenden Checklisten helfen, die drei Schwerpunktbereiche Ihrer persönlichen Standortbestimmung detaillierter zu erfassen.

Zu 1: Eigenschaften / Persönliche Merkmale

Sie finden auf den nächsten Seiten eine umfangreiche Liste von Persönlichkeitsmerkmalen. Wie schätzen Sie sich selbst ein? Zum Beispiel das Merkmal Leistungsbereitschaft: Das ist für Sie sicherlich kein Fremdwort. Sie haben eine Vorstellung davon, was allgemein unter diesem Begriff und Persönlichkeitsmerkmal verstanden wird.

Wie stark, glauben Sie, ist das Merkmal Leistungsbereitschaft bei Ihnen ausgeprägt? Es geht allein um Ihre persönliche Einschätzung. Diese brauchen Sie mit niemandem zu diskutieren. Sie müssen sich also für Ihre Einschätzung nicht rechtfertigen.

Um die einzelnen Merkmale einschätzen zu können, gibt es für jedes eine Skala von +3 bis –3 mit folgenden Abstufungen und Bedeutungen bezüglich der Ausprägung und des Vorhandenseins der Merkmale bzw. Eigenschaften: Die Extrempole sind +3 (= sehr stark ausgeprägt bzw. vorhanden) und –3 (sehr schwach ausgeprägt, kaum vorhanden), die Mitte liegt bei 0 (teils/teils, weder noch).

Zunächst einmal geht es (wie oben schon gesagt) nur um Ihre Selbsteinschätzung. In einem zweiten Schritt, bitten Sie andere Personen, Sie einzuschätzen. Das kommt aber erst später. Jetzt sind zunächst einmal Sie dran.

Falls Sie zu den einzelnen Merkmalen/Eigenschaften Fragen haben, nicht sicher sind, ob es so oder anders gemeint ist, entscheiden Sie für sich, was Sie unter einem Merkmal oder einer Eigenschaft verstehen.

Wie schätzen Sie sich ein? Bitte kreuzen Sie bei jeder Eigenschaft an, wie ausgeprägt diese Ihrer Meinung nach bei Ihnen ist:

+3 = sehr stark ausgeprägt
+2 = deutlich ausgeprägt
+1 = ausgeprägt
0 = teils/teils
−1 = weniger ausgeprägt
−2 = schwach ausgeprägt
−3 = sehr schwach ausgeprägt

Lernbereitschaft	+3	+2	+1	0	−1	−2	−3
Leistungsbereitschaft	+3	+2	+1	0	−1	−2	−3
Auffassungsvermögen	+3	+2	+1	0	−1	−2	−3
Aufgeschlossenheit	+3	+2	+1	0	−1	−2	−3
Selbstdisziplin	+3	+2	+1	0	−1	−2	−3
Belastbarkeit	+3	+2	+1	0	−1	−2	−3
Ausdauer/Geduld	+3	+2	+1	0	−1	−2	−3
Pflichtbewußtsein	+3	+2	+1	0	−1	−2	−3
Verantwortungsbewußtsein	+3	+2	+1	0	−1	−2	−3
Zuverlässigkeit	+3	+2	+1	0	−1	−2	−3
Ordnungssinn	+3	+2	+1	0	−1	−2	−3
Ehrlichkeit/Loyalität	+3	+2	+1	0	−1	−2	−3
Vertrauenswürdigkeit	+3	+2	+1	0	−1	−2	−3
Begeisterungsfähigkeit	+3	+2	+1	0	−1	−2	−3
Zielstrebigkeit	+3	+2	+1	0	−1	−2	−3
Organisationsvermögen	+3	+2	+1	0	−1	−2	−3
Eigeninitiative	+3	+2	+1	0	−1	−2	−3
Entscheidungsfähigkeit	+3	+2	+1	0	−1	−2	−3
Spontaneität	+3	+2	+1	0	−1	−2	−3
Risikobereitschaft	+3	+2	+1	0	−1	−2	−3
Selbstsicherheit	+3	+2	+1	0	−1	−2	−3
Selbständigkeit	+3	+2	+1	0	−1	−2	−3
Durchsetzungsvermögen	+3	+2	+1	0	−1	−2	−3
Überzeugungskraft	+3	+2	+1	0	−1	−2	−3
Kreativität	+3	+2	+1	0	−1	−2	−3
Kontaktfähigkeit	+3	+2	+1	0	−1	−2	−3
Anpassungsfähigkeit	+3	+2	+1	0	−1	−2	−3
Teamfähigkeit	+3	+2	+1	0	−1	−2	−3
Kommunikationsfähigkeit	+3	+2	+1	0	−1	−2	−3
Kompromißbereitschaft	+3	+2	+1	0	−1	−2	−3
Toleranzfähigkeit	+3	+2	+1	0	−1	−2	−3
Zuhörfähigkeit	+3	+2	+1	0	−1	−2	−3
Kritikbereitschaft	+3	+2	+1	0	−1	−2	−3
Hilfsbereitschaft	+3	+2	+1	0	−1	−2	−3

Nachdem Sie sich selbst eingeschätzt haben (bei vielen Merkmalen ging Ihnen das sicherlich leicht von der Hand, bei einigen hatten Sie bestimmt Schwierigkeiten), ist jetzt von größter Wichtigkeit, dieses Selbstbild mit einem Fremdbild vergleichen zu können.

Das heißt: Wie schätzen andere Personen Sie bezüglich dieser Merkmalsliste ein? Dabei sollten Sie mindestens drei, besser sechs, jedoch nicht mehr als zehn Personen um ihre Einschätzung bitten. Wir empfehlen: Geschwister, Freunde, Eltern, Lehrer, andere Bezugspersonen (z.B. Verwandte, Mitschüler, Bekannte usw.).

* *Frau Voss, ich halte Ihre Aushaltefähigkeit für sehr stark ausgeprägt.*
* *Wo Sie recht haben, haben Sie recht, Herr Mühsam. Das kann man hier auch wirklich gut gebrauchen.*

Wichtig ist es, zunächst Personen zu befragen, die Sie gut kennen und deren Urteil Ihnen nicht völlig gleichgültig ist – im positiven, wie im negativen Sinne. Sie sollten also nicht nur Ihren Fanclub zu Wort kommen lassen, sondern durchaus auch etwas neutralere, kritisch-distanzierte Personen befragen. Wer nur seine besten Freunde oder seine schlimmsten Feinde um Einschätzung bittet, verzerrt das Ergebnis.

Hinten im Buch (s. S. 157) ist auf zwei Seiten Gelegenheit, ein Fremdbild zu erstellen. Das erfordert die Anfertigung von Fotokopien, wenn Sie diese Befragung – wie von uns vorgeschlagen – mit mehreren Personen durchführen wollen.

Nachdem Sie Ihr Selbstbild erstellt haben, wird jede Fremdeinschätzung, die sich deutlich von Ihrer Selbsteinschätzung und -beurteilung unterscheidet, Anlaß zu einigen angenehmen wie vielleicht auch unangenehmen Überlegungen sein.

Im wesentlichen geht es um drei Punkte: Wo bestehen Diskrepanzen zwischen Selbst- und Fremdbild, wie stark sind diese, und gibt es Erklärungen für die unterschiedlichen Einschätzungen?

Dabei wird Sie – verständlicherweise – zunächst einmal der Vergleich Ihrer Selbsteinschätzung mit dem Bild, das einzelne Personen von Ihnen haben, interessieren. Es liegt aber auf der Hand, daß Ihre Großmutter und Ihr(e) beste(r) Freund/Freundin Sie anders einschätzen als irgendein Mitschüler oder Fachlehrer. Das Interessante ist also letztlich die Summe der Fremdbilder, d.h. der Mittelwert, der sich rechnerisch ergibt.

Beispiel: Die Personen A, B, C, D, E schätzen Sie für das Merkmal Lernbereitschaft wie folgt ein:

Person A: −2 / Person B: −1 / Person C: +1 / Person D: +1 / Person E: +3

Ergebnis: 2:5=0,4

Das rechnerische Ergebnis (aus der Summe) wird durch die Anzahl der Einschätzer (die von Ihnen befragten und um Mithilfe gebetenen Personen) geteilt und ggf. auf- oder abgerundet. So erhalten Sie Ihren Mittelwert (und Omas Meinung bzw. die Ihres Mathe- oder Religionslehrers werden wieder etwas relativiert!).

Nachdem Sie sich mit mehreren Fremdeinschätzungen auseinandergesetzt und hieraus einen Mittelwert gebildet haben, übertragen Sie Ihre Selbsteinschätzung und die Mittelwert-Fremdeinschätzung in die nachstehende Tabelle (am besten Selbst- und Fremdbild in unterschiedlichen Farben, d.h. Punkte verbinden, so daß zwei Profile entstehen):

	+3	+2	+1	0	−1	−2	−3
Lernbereitschaft	o	o	o	o	o	o	o
Leistungsbereitschaft	o	o	o	o	o	o	o
Auffassungsvermögen	o	o	o	o	o	o	o
Aufgeschlossenheit	o	o	o	o	o	o	o
Selbstdisziplin	o	o	o	o	o	o	o
Belastbarkeit	o	o	o	o	o	o	o
Ausdauer/Geduld	o	o	o	o	o	o	o
Pflichtbewußtsein	o	o	o	o	o	o	o
Verantwortungsbewußtsein	o	o	o	o	o	o	o
Zuverlässigkeit	o	o	o	o	o	o	o
Ordnungssinn	o	o	o	o	o	o	o
Ehrlichkeit/Loyalität	o	o	o	o	o	o	o
Vertrauenswürdigkeit	o	o	o	o	o	o	o
Begeisterungsfähigkeit	o	o	o	o	o	o	o
Zielstrebigkeit	o	o	o	o	o	o	o
Organisationsvermögen	o	o	o	o	o	o	o
Eigeninitiative	o	o	o	o	o	o	o
Entscheidungsfähigkeit	o	o	o	o	o	o	o
Spontaneität	o	o	o	o	o	o	o
Risikobereitschaft	o	o	o	o	o	o	o
Selbstsicherheit	o	o	o	o	o	o	o
Selbständigkeit	o	o	o	o	o	o	o
Durchsetzungsvermögen	o	o	o	o	o	o	o
Überzeugungskraft	o	o	o	o	o	o	o
Kreativität	o	o	o	o	o	o	o

	+3	+2	+1	0	−1	−2	−3
Kontaktfähigkeit	o	o	o	o	o	o	o
Anpassungsfähigkeit	o	o	o	o	o	o	o
Teamfähigkeit	o	o	o	o	o	o	o
Kommunikationsfähigkeit	o	o	o	o	o	o	o
Kompromißbereitschaft	o	o	o	o	o	o	o
Toleranzfähigkeit	o	o	o	o	o	o	o
Zuhörfähigkeit	o	o	o	o	o	o	o
Kritikbereitschaft	o	o	o	o	o	o	o
Hilfsbereitschaft	o	o	o	o	o	o	o

Die beiden Profile (Selbst- und Fremdeinschätzung) werden sich streckenweise überschneiden, aber auch voneinander abweichen. Dies gibt Diskussionsstoff für Selbst- und andere Gespräche. Interessant sind die äußeren Skalenpositionen (+3, vielleicht auch noch +2 / −2 und besonders −3), die eine besondere Ausprägung (im positiven wie im negativen Sinne) andeuten.

Nach reiflicher Diskussion und Abschätzung, wird es Ihnen sicherlich leichter fallen, Ihre Stärken, aber auch Ihre Schwächen zu benennen. Während Sie vielleicht nach der ersten Übung (Kassettenrekorder) mehr oder weniger eine Leerkassette produziert haben, zeichnen sich nun doch neue Standortbestimmungen ab.

Jetzt wissen Sie schon eine ganze Menge mehr über sich und wie Ihre Umwelt Sie sieht. Und weiter geht's.

Zu 2.: Ausbildungs- und zukünftige berufliche Qualifikationsmerkmale

- Wie verlief Ihre bisherige Schulausbildung (Inhalte, Schwerpunkte, Besonderheiten)?
- Verfügen Sie über Spezialkenntnisse oder -fertigkeiten?
- Haben Sie schon Erfahrungen im beruflichen Bereich gewonnen?
- Gibt es bereits berufliche Kenntnisse/Fähigkeiten/Interessen?

Welche spezifisch berufsbezogenen Begabungen, Fähigkeiten und Interessen können Sie nutzen bzw. bei Ihrer Ausbildungs- und Berufswahl einbringen?

Wo liegen Ihre Interessen, wo Ihre Stärken?

Haben Sie Interesse	ja	teils/teils	nein
– am Umgang mit Menschen	( )	( )	( )
– am Umgang mit Technik	( )	( )	( )
– am Umgang mit Sachen oder Daten	( )	( )	( )
– am Umgang mit Literatur/Kultur/Medien	( )	( )	( )
– an Wissenschaft und Forschung	( )	( )	( )
– an kreativen, künstlerischen Tätigkeiten	( )	( )	( )
– an sozialen Aufgaben	( )	( )	( )
– an verwaltenden Tätigkeiten	( )	( )	( )
Liegen Ihre Stärken im			
– sprachlichen Bereich	( )	( )	( )
– mathematischen Bereich	( )	( )	( )
– technischen Bereich	( )	( )	( )
– manuellen Bereich	( )	( )	( )
– sozialen Bereich	( )	( )	( )
– künstlerisch-kreativen Bereich	( )	( )	( )

Wie begründen Sie Ihre Wahl für die eine oder andere Neigung bzw. Stärke? Können Sie Ihre Entscheidung überzeugend belegen, z.B. mit Hilfe von konkreten Beispielen stichhaltig plausibel machen?

Zu 3: Freizeit-Aktivitäten

Was fällt Ihnen spontan zu der folgenden Liste ein?
Welcher Bereich trifft auf Sie zu (und warum)?

	ja	teils/teils	nein
– Handwerkliche Fähigkeiten/Aktivitäten	( )	( )	( )
– Technik-Interesse	( )	( )	( )
– Sprachkenntnisse	( )	( )	( )
– Künstlerisch-musische Aktivitäten	( )	( )	( )
– Pädagogische Fähigkeiten	( )	( )	( )
– Soziales Engagement	( )	( )	( )
– Politisches Engagement	( )	( )	( )
– Sportliche Aktivitäten	( )	( )	( )
– Spezielle Kenntnisse/Fertigkeiten	( )	( )	( )

(z.B. Führer-, Segel-, Flugschein u.ä.,
PC-, EDV-, Schreibmaschinenkenntnisse)

Welche Hobbys und sonstigen Interessen haben Sie?

(siehe dazu auch das Kapitel Vorstellungsgespräch, S. 85)

Was will ich?

Diese Frage scheint spontan leichter beantwortbar zu sein als die nach den eigenen Fähigkeiten (wer lobt sich schon gerne selbst ...). Aber je länger Sie sich mit der Thematik »Was will ich?«, also mit Ihre eigentlichen Wünschen und Zielen konfrontieren, desto verschwommener, ja sogar widersprüchlicher wird möglicherweise das Bild, das Sie entwerfen.

Auch hier ist es unbedingt notwendig, sich dieser Frage mit Papier, Bleistift und genügend Ausdauer intensiv zu widmen.

Bei dem Thema »Was will ich?« sind – mit Überschneidungsmöglichkeiten – private und berufliche Ziele zu unterscheiden.

Dazu jetzt folgende Fragen, die Ihnen bei der Zielfindung behilflich sein sollen:

Zur persönlichen Situation:
- Was haben Sie bisher in Ihrem Leben erreicht?
- Was haben Sie bisher trotz Vorsätzen nicht erreicht und warum? – Was gefällt Ihnen an Ihrer jetzigen persönlichen Situation?
- Und: Was mißfällt Ihnen an dieser?
- Was möchten Sie an Ihrer jetzigen persönlichen Situation am schnellsten ändern, und was kann noch warten?
- Wie sieht Ihre familiäre Situation aus, und gibt es da größere Probleme?
- Wer fördert bzw. behindert Sie in Ihrer persönlichen Entwicklung?
- Welchen Einfluß auf Ihre persönlichen Zielvorstellungen und Entscheidungen haben ihr(e) Partner(in), Freunde und andere wichtige Bezugspersonen?
- Welche Ihrer persönlichen Eigenschaften und Fähigkeiten sind für Ihre Mitmenschen besonders wertvoll bzw. wichtig?
- Welchen Einfluß hat Ihre angestrebte Berufstätigkeit vermutlich auf Ihr Privatleben und umgekehrt: Welchen Einfluß hat Ihr Privatleben auf Ihren zukünftigen Beruf?
- Welche persönlichen Gründe sprechen gegen einen Ortswechsel?
- Welche persönlichen Schwierigkeiten sehen Sie in der Zukunft für sich?

Zur Ausbildungs- und beruflichen Situation (falls jeweils auf Sie zutreffend):
- Was haben Sie bisher schulisch (durch eine Ausbildung) erreicht?
- Was haben Sie bisher trotz Vorsatz nicht erreicht und warum?

- Was läßt bei Ihnen sowohl generell als auch konkret schulische/berufliche Zufriedenheit bzw. Unzufriedenheit entstehen?
- Was mißfällt Ihnen an Ihrer jetzigen bzw. zukünftigen Ausbildungs-/Berufssituation?
- Was möchten Sie an Ihrer jetzigen bzw. zukünftigen Ausbildungs-/Berufssituation am schnellsten ändern, und was kann noch warten?
- Welche Ihrer Kenntnisse und Fähigkeiten sind für Ihren zukünftigen Arbeitgeber und Ihre Kollegen besonders wertvoll bzw. wichtig?
- Fühlten Sie sich bei bisherigen schulischen Aktivitäten eher über- oder unterfordert, und worin ist dies begründet?
- Wie kommen Sie mit Lehrern, Vorgesetzten, Mitschülern und Kollegen aus?
- Welche schulisch/beruflichen Förderer und »Steine-in-den-Weg- Werfer« haben Sie?
- Und wer könnte das in Zukunft sein?
- Wie sehen Ihre zukünftigen beruflichen Ziele aus, bezogen auf Position und Verdienst?
- Wie sind die generellen Zukunftsaussichten in der von Ihnen angestrebten Branche, in ihrem zukünftigen Beruf?
- Welche beruflichen Schwierigkeiten sehen Sie in der Zukunft für sich?
- Welchen Einfluß auf Ihre beruflichen Zielvorstellungen und Entscheidungen haben Ihr(e) Partner(in), Freunde und andere wichtige Bezugspersonen?
- Welche Gründe sprechen für einen ausbildungsbegründeten Ortswechsel? Sind Sie diesbezüglich flexibel?

Versuchen Sie, aus der schriftlichen Beantwortung jeder einzelnen Frage jeweils Schlüsselworte zu entwickeln, die Ihr Ziel kurz und prägnant beschreiben. Abstrahieren Sie dabei ruhig, verkürzen und vereinfachen Sie gegebenenfalls. Bringen Sie die für Sie ganz persönlich wichtigen Dinge »auf den Punkt«.

Eine Rangfolge der Zielvorstellungen hilft Ihnen, Prioritäten zu erkennen und Schwerpunkte zu setzen. Eine solche persönliche und berufliche Situationsanalyse verschafft Ihnen Klarheit und hilft Ihnen bei der Abwägung von Gründen für oder gegen einen Ausbildungsberuf. Wichtig dabei ist auch die neu gewonnene verbale Kompetenz bezüglich der Frage: »Was wollen Sie eigentlich, was ist wirklich wichtig für Sie?«

∗ *Ich finde das alles ganz schön verplant, Herr Mühsam. Ich bin damals einfach reingesprungen in das Sekretariat und auch was geworden.*

∗ *Das glauben Sie, Frau Voss.*

Was ist möglich?

Vom Tellerwäscher zum Millionär, vom Schauspieler zum Präsidenten – und umgekehrt: nichts erscheint unmöglich. Aber Vorsicht, glauben Sie nicht leichtfertig gemachten Versprechungen, egal von welcher Seite. Andererseits: wer gegen seine Wünsche und Vorstellungen vorschnell die Schere im Kopf ansetzt, erreicht weniger, als möglicherweise für ihn drin ist. Grau ist das Mittelmaß, aber allemal ein sicherer Weg. Zuviel, aber auch zuwenig Phantasie kann schädlich sein. Der schmale Grat, auf dem Sie zwischen den Extremen wandeln, Ihre persönliche richtige Balance ist individuell herauszufinden.

Mehrere designierte Wirtschaftsminister haben vor ihrer Wahl offen erklärt, von Wirtschaft nicht allzuviel zu verstehen. Ex-Wirtschaftsminister Bangemann wußte einmal auf die Frage eines Journalisten, wieviele Nullen eine Milliarde hat, keine Antwort. Gleichwohl nahm aber jeder Wirtschaftsminister fraglos für sich in Anspruch, der richtige Mann für diese Aufgabe zu sein. Bemerkenswerte Beispiele für Mut und Selbstbewußtsein – so weit hergeholt sie auch auf den ersten Blick erscheinen mögen.

Schön wäre es, wenn wir Ihnen auch für den Aspekt »Was ist möglich?« einen durch Fragen gesteuerten Leitfaden als Analysehilfe vorstellen könnten. Aber wir glauben, daß die Frage nach Ihren individuellen Möglichkeiten nicht auf diese Art und Weise behandelt werden kann.

Wichtig erscheint uns aber unbedingt, auf folgendes noch einmal hinzuweisen: Jeder Mensch hat die Neigung, in einer persönlichen und beruflichen Übergangsssituation, die häufig auch Elemente einer Krise enthält, den eigenen Handlungsspielraum und die Gestaltungsmöglichkeiten zu unterschätzen. Diese »Schere im Kopf« beschneidet uns in einer derartigen Situation unnötigerweise in unserer Aktivität. Schließlich geht es doch um nichts geringeres als um die Planung und Verwirklichung der individuellen beruflichen Identität.

Die Erkenntnisse aus der ersten und zweiten Situationsanalyse (»Was kann ich?« / »Was will ich?«) müssen mit der Realität (»Was ist möglich?«) in Einklang gebracht werden. Dabei sollte man aber wiederum nicht nur seinen eigenen Realitätssinn als Maßstab nehmen, sondern auch andere Personen und deren Blick für die Realität einbeziehen. Gespräche mit Freunden, Bekannten, Fachberatern (Arbeitsamt etc.) und anderen, die in der gleichen Situation sind, können sehr hilfreich sein.

Die folgenden Zeilen sollen depressives Risiko und konstruktive Chance der hier behandelten Fragen verdeutlichen:

Ich kann nicht, was ich will; ich will nicht, was ich kann; und was möglich ist, das mag ich nicht.	*versus*	Ich kann, was ich will ich will, was ich kann und was möglich ist, das mach' ich.

Deshalb: Es nutzt nichts, nur die Löcher im Schweizer Käse zu sehen – oder neudeutsch und ohne Zynismus: Don't worry, be happy. Programmieren Sie sich also dreimal täglich (mindestens!) mit den folgenden drei Zeilen:

Ich kann, was ich will;
ich will, was ich kann;
und was möglich ist,
das mach' ich.

∗ *Mein Rat: Vertrauen Sie auf die Kraft der Autosuggestion, Frau Voss.*
∗ *Also ich, Herr Mühsam, ich vertraue niemand außer mir selbst.*
∗ *Vertrauen ist gut, Kontrolle ist besser.*
∗ *Das hat aber Lenin gesagt, Herr Mühsam.*

Bewerbungsmarathon

Nicht für das Leben, für die Schule lernen wir …

… meinte der römische Schrifsteller und Philosoph Seneca. Diese Wahrheit scheint deutschen Pädagogen unerträglich. Weil nicht sein kann, was nicht sein darf, dreht man diese zugebenermaßen pointierte Aussage um. Und so lernen wir für das Leben – lebenslänglich.

Und in der Tat: Seit Ihrer Stunde Null sind Sie am Lernen, sozusagen in Ausbildung. Die ersten Lehrenden kennen Sie zur Genüge. Die zweite Garnitur Lehrherren und -damen haben Sie nun hoffentlich bald hinter sich. Doch die nächsten nahen schon am Horizont: nach Elternhaus, Schule – Berufsausbildung. Lehrjahre sind weiß Gott keine Herrenjahre.

Aber auch so manche Bewerbungssituation haben Sie schon längst hinter sich gebracht. Bewerbungssituationen: das beinhaltet eigentlich immer den Wunsch, willkommengeheißen und angenommen zu werden. Diese Thematik begleitet uns ebenfalls lebenslang. Schon im frühesten, embryonalen Stadium unserer Existenz befinden wir uns im Grunde genommen in einer ersten Bewerbungssituation. Auch hier geht es bereits um die Frage: Werde ich (von den Eltern, später von den Ausbildungs- und »Brötchengebern«) angenommen? Entspreche ich den allgemeinen Wünschen – Junge oder Mädchen, angehender Eiskunstläufer oder ein Doktor der Medizin in spe? Später: bin ich der ideale Kandidat für den Job?

Deutliche Bewerbungsherausforderungen prägen bereits die früheste Kindheit. Die Qualität des Gedichtaufsagens vor der Autoritätsfigur Weihnachtsmann schien eine Auswirkung auf die Verteilung der Geschenke zu haben, und Kindergarten- und Schulbesuch waren klassische Bewerbungssituationen für Sie als Neuankömmling.

Auch bei der Partnersuche und -auswahl geht es um nichts anderes als um eine Bewerbungssituation (Kleidung, Auftreten, wissen, was man sagt, was man besser verschweigt). Die klassische Korrespondenz, die Liebesbriefe, sind gut vergleichbar mit den Bewerbungsanschreiben für einen angebotenen Ausbildungs- bzw. Arbeitsplatz. Kontakt- und Heiratsanzeigen weisen durchaus Parallelen zu Stellenanzeigen auf.

∗ *Sie ziehen Vergleiche... Ich bin doch nicht mit meiner Arbeit verheiratet!*
∗ *Aber vielleicht wäre das besser für Sie, Frau Voss.*

Das Alltagsleben steckt voller Bewerbungssituationen: Da bewirbt man sich um eine Wohnung und muß sich vor dem Vermieter quasi entblößen (Verdienst, Lebenspartner, Haustiere usw.). Aber auch das Kreditgespräch am Bankschalter ist eine typische Bewerbungssituation. Selbst die an eine fremde Person auf der Straße gerichtete Frage nach der Uhrzeit oder einer bestimmten Adresse beinhaltet immer den Test, ob man wohl mit seinem Anliegen ankommt, brauchbare Auskunft erhält. Und denken Sie mal an die Disco ...

Wer sich bewirbt, muß wissen warum, wo und wie. Lapidar aber wahr. Das setzt ein Ziel voraus.

Der anfängliche realistische Bezug zur Berufswelt, der sich bei Kindern etwa im Alter von 5 bis 7 Jahren noch klar äußert (»Lokomotivführer«, »Krankenschwester«, »Tierärztin«, »Pilot«), geht vielen Heranwachsenden offenbar später verloren. Da wird die Reifeprüfung abgelegt und häufig eine Ausbildung oder ein Studium quasi als Impulshandlung begonnen, meist ins Blaue hinein, ohne viel Nachdenken darüber, womit man mit 20, 30, 40 – vielleicht früher oder später – seine Brötchen verdienen kann.

Und so läuft man Gefahr, durch mangelnde Planung und Perspektive, durch nicht vorhandene Visionen, das eigentliche Ziel des ganzen Unternehmens Berufsausbildung aus den Augen zu verlieren: die »Vermarktungsfähigkeit« der eigenen Arbeitskraft.

In vielen Fällen geht das alles trotzdem irgendwie gut, auch ohne große Planung, mit kaum oder nur sehr wenig System, denn zufällig ergibt sich etwas – eine Chance, eine Begegnung, ein Angebot. Der Einstieg gelingt, die Bewährung im Berufsalltag beginnt sich langsam aber deutlich abzuzeichnen. Es ist geschafft.

Geplant wär's besser. In der Regel jedenfalls.

Die Motive der Ausbildungs-, Studien- und Berufswahl sind häufig nicht bewußt. Das eigentliche Ziel, das mit dem Ausbildungsberuf konkret angestrebt wird – Selbst-Verwirklichung, Arbeitsplatz, Lebensunterhaltssicherung – wird oft nicht ausreichend bedacht.

Aus psychologischer Sicht könnte die fehlende Orientierung auf den Berufseinstieg etwas mit dem unbewußten Wunsch zu tun haben, sich noch nicht mit dem schrittweise zu erlangenden Erwachsenenstatus und den entsprechenden Verantwortungsanforderungen zu konfrontieren.

Berufsfindung und Berufseinstieg sind – psychologisch betrachtet – ein Reifungsprozeß. Die anläßlich einer Bewerbung von Arbeitgeberseite inszenierten Rituale, Tests und Anpassungsüberprüfungen sind Schwellensituationen und Initiationsriten vergleichbar, die zur Regelung des Überganges und Statuswechsels vom Jugendlichen zum Erwachsenen (vom Auszubildenden zum Berufstätigen) erfolgen.

Um diese Rituale und Prüfungssituationen geht es uns in diesem Buch. Eine Entscheidung für die eine oder andere berufliche Ausbildung müssen Sie selbst treffen. Wie Sie aber nach dieser Entscheidung die nächsten Schritte der Kontaktaufnahme mit Ihrem potentiellen beruflichen Ausbilder erfolgreich planen und durchführen, ist lern- und in gewissem Sinne beeinflußbar. Diese Thematik ist Gegenstand der nun folgenden Kapitel. Dabei konzentrieren wir uns auf eine Ausbildung, die durch ein Unternehmen bzw. durch einen öffentlichen Arbeitgeber erfolgt.

Trotzdem gibt es viele Parallelen zu den hier beschriebenen Bewerbungsformen, die Sie auch antreffen, wenn es für Sie zunächst um ein Studium oder eine Fachschulausbildung geht.

Sich bewerben – Hintergrund Prüfung

Ohne Kontaktaufnahme kein Bewerbungsverfahren und ohne persönliches Vorstellungsgespräch keine Entscheidung für den Kandidaten. Natürlich mag es von Unternehmen zu Unternehmen, von Behörde zu Behörde Unterschiede geben im Auswahlverfahren, wie auch in der Umgangsweise mit Bewerbern. Aber ob als angehende Bankkauffrau oder Verwaltungsangestellte, Industriekaufmann oder Betriebswirt – die Gemeinsamkeiten im Ablauf einer Bewerbung überwiegen eindeutig. Die graduellen Unterschiede und der branchenbedingte Umgangsstil variiert, der Verfahrenshintergrund jedoch ist immer wieder der gleiche.

Dabei ist es zunächst von zu vernachlässigender Relevanz, ob Sie vom althumanistischen Goethe-Gymnasium oder der dritten Gesamtschule mit Schwerpunkt Naturwissenschaften kommen. Das gilt auch zunehmend für die Tatsache, ob Sie in Frankfurt am Main oder in Frankfurt an der Oder Ihr Abitur gemacht haben.

Mag auch bei jedem Einzelnen etwas Spezifisches hinzukommen: z.B. die West-Ost-Thematik, die geschlechtsspezifische Variante, mehr oder weniger gute Abiturnoten, der schnelle direkte Weg oder zeitaufwendige

Umwege, ob jünger oder schon etwas älter – die Herausforderung, die Anforderungen und damit die Basisprobleme sind nahezu gleich:

Ihre Bewerbung um einen qualifizierten Ausbildungsplatz ist eine klassische Prüfungssituation mit Chancen und Risiken.

Wer will leugnen, daß in der Regel bereits die Situation vor einer Bewerbung, ganz sicher aber der eigentliche Bewerbungsvorgang durch Streß gekennzeichnet ist. Bewerbungssituationen sind Prüfungen und können somit alle typischen Angstsymptome einer solchen auslösen.

In jeder Prüfung stecken Chance und Risiko zugleich: Bestätigung oder Abweisung. Das besondere Charakteristikum der Prüfungssituation ›Bewerbung‹ liegt jedoch darin, daß die Chance, abgewiesen zu werden, deutlich höher ist, als z.B. bei der Ihnen bekannten Prüfungssituation ›Abitur‹, in der doch die meisten eine Bestätigung erfahren dürften.

Dafür ist die potentielle Anzahl der »Versuche«, die man bei »Bewerbungsprüfungen« hat, ungleich viel höher. Dies gilt ganz besonders, wenn die Zahl der Ausbildungssuchenden (z.B. für einen bestimmten Beruf) extrem groß und das Ausbildungsangebot dagegen sehr gering ist.

Nun birgt leider jede nicht bestandene Prüfung die Gefahr einer Kränkung des Selbstwertgefühls in sich. Berücksichtigt man jedoch, daß die Chance, bei einer Vielzahl von Bewerbern einen bestimmten Ausbildungsplatz zu »erobern«, entsprechend geringer ist – z.B. wenn bei einer Firma nur drei von über 200 Bewerbern für eine Ausbildung als Betriebswirt (BA) angenommen werden –, muß man notwendigerweise lernen, mit einer möglichen Kränkung anders, d.h. besser klarzukommen.

So gesehen befinden Sie sich in der Bewerbungssituation eigentlich auf vertrautem Terrain – Prüfungen und Prüfungsvorbereitungen kennen Sie aus Ihrer Schulzeit zur Genüge. Geprüft wird immer, inwieweit Sie sich an ein vorgebenes Ritual formal und inhaltlich anpassen können, sowie die Fähigkeit, bei den Prüfern und Auswählern Sympathie zu mobilisieren.

Bevor Sie aber die ersten konkreten Schritte auf dem Bewerbungsparkett unternehmen, muß neben der Bearbeitung der Elementarfragen »Können, Wollen, Möglichkeiten« die richtige Einstellung zur Einstellung gefunden werden.

∗ *Leichter gesagt als getan, Herr Mühsam.*

∗ *Ja doch, Frau Voss. Aber wie war das mit Ihrer Frage nach dem Unterschied zwischen einer Fahrrad- und einer Reifenprüfung?*

Einstellungssache

Die richtige Einstellung zur Einstellung

Wie sieht es denn mit Ihrer Einstellung aus? Das ist durchaus bewußt doppeldeutig formuliert.

Wer wirklich überzeugt ist, daß er/sie dies oder jenes erreichen bzw. bekommen kann, ist dem Ziel ganz sicher schon ein Stückchen näher. Und ein Ziel sollte man/frau schon vor Augen haben.

Worum geht es? Es bedarf einer geistigen (neudeutsch: mentalen) Einstimmung und Vorbereitung. Man kann auch im weiteren Verlauf von Einstellung sprechen, um gefestigt im Glauben an sich selbst und sein Ziel dieses wirklich zu erreichen.

Paradebeispiel: Tennisstar Boris Becker, dessen häufiger Ausspruch über die »mentale« Vorbereitung diesen Begriff sprichwörtlich populär, ja fast schon zu einem geflügelten Wort hat werden lassen. Dabei handelt es sich um nichts anderes als den festen Willen und Glauben an den Erfolg, der neben dem sportlichen und rein physischen Training als sogenanntes Psycho-Training fast genauso wichtig, möglicherweise sogar matchentscheidend geworden ist.

Aber nicht nur im Sport weiß man die Nüztlichkeit dieser »Psychotechnik« zu schätzen. In der Medizin gewinnt sie täglich an Bedeutung. Mentales Training wird in der sich immer mehr verbreitenden Erkenntnis der Zusammenhänge von Seele und Körper (Psychosomatik) gezielt eingesetzt, um Behandlungserfolge und damit Gesundungsprozesse abzusichern, ja bisweilen sogar erst richtig zu ermöglichen.

Zurück zu unserem Thema: Die mentale Vorbereitung, Ihre Einstellung zu dem Vorhaben ›Berufseinstieg/Berufsausbildung‹, und damit Ihre Einstellung zur Einstellung, ist von grundlegender Bedeutung.

Wieso? Nun, einmal angenommen, ein Bewerber geht voller Zweifel darüber, ob er/sie wirklich den angebotenen Ausbildungsplatz haben möchte oder gar mit großen Zweifeln über die eigene Kompetenz zum Vorstellungsgespräch.

Die Wahrscheinlichkeit, daß man dem Bewerber diesen Ausbildungsplatz anbietet, ist sehr gering. Seine nicht wirklich vorhandene Motivation und seine Mißerfolgserwartung werden sich auf die eine oder andere

Art zeigen und dem Ausbildungsplatzanbieter auffallen. Logisch, daß dieser sich dann für einen anderen Bewerber entscheidet.

Falsch wäre aber auch jetzt der Umkehrschluß, der Bewerber bekäme den Ausbildungsplatz allein schon deshalb, weil er nur ganz fest daran glaubt, genau der Richtige zu sein. Womöglich erklärt unser Beispiel-Bewerber gleich zu Anfang des Vorstellungsgespräches seinem Gegenüber, es könne keinerlei Zweifel daran geben, daß er der einzig richtige Kandidat ist. Natürlich ist auch dies ein relativ sicherer Weg, sich alle Chancen auf den angestrebten Ausbildungsplatz zu verbauen.

Und trotzdem: Sie als Bewerber müssen schon von sich, von Ihren Qualitäten überzeugt sein. Wer denn zunächst sonst, wenn nicht Sie?

Ihre Mitmenschen spielen dabei natürlich auch eine nicht zu unterschätzende Rolle. Glaubt man an Sie, an Ihre Neigungen, Begabungen und Fähigkeiten, oder wird Ihnen vermittelt – direkt, offen oder versteckt angedeutet –, Sie seien ein Pechvogel, Tunichtgut, ein Versager (oder ähnliches in leichterer bzw. schwerer Form)?

Eine Bewerbung ist immer auch ein gutes Stück Überzeugungsarbeit. Wer überzeugen will, braucht Kraft (nämlich Überzeugungskraft). Diese muß man zunächst aus sich selbst schöpfen können (dazu muß sie aber erst mal vorhanden sein). Es bedarf aber auch einer gewissen Unterstützung durch die Umwelt.

Wer als Kind ständig gesagt bekommt: »Laß das, Finger weg, das kannst Du nicht, Du bist ein Tollpatsch, Dummkopf« usw., wird später auf seinem »Selbstvertrauens-(Bank)-Konto« eher ein Minus, also ein deutliches Defizit haben und sich schwer tun, wenn er/sie darauf zurückgreifen will oder es vielleicht nur kurzfristig »überziehen« möchte.

Anders in dem Fall, wo glückliche Umstände und/oder Personen im rechten Augenblick dem Kind und später dem Jugendlichen wiederholt signalisieren: Das schaffst Du schon, auch wenn es schwierig ist, wir glauben an Dich, Du bist o.k., nur weiter so... Hier wird ein gut gefülltes »Selbstvertrauens-(Bank)-Konto« im Erwachsenenleben (und damit auch bei beruflichen Dingen) zur Verfügung stehen, auf das man zurückgreifen und das man getrost auch in Maßen »überziehen« kann.

Mit diesen Anregungen liebe Leserin, lieber Leser, möchten wir Ihnen einen Augenblick des »Insichkehrens« empfehlen. Wir wünschen Ihnen für diese Vorüberlegungsphase eine gute und konstruktive Auseinandersetzung mit sich selbst, aber auch mit den Ihnen nahestehenden Menschen in Ihrer unmittelbaren Umgebung. Nehmen Sie sich diese Zeit und seien Sie geduldig, sowohl mit sich, als auch mit Ihrer Umwelt. Eine intensive Auseinandersetzung mit Ihrer inneren Einstellung zu der vor Ihnen liegenden Aufgabe »Ausbildungsplatzsuche« wird Ihnen sehr bei diesem wichtigen Vorhaben helfen. Dies gilt übrigens generell für alle bedeutenden Unternehmungen in unserem Leben.

Vorbereitung

Standortbestimmung und Präsentation

Alles Vorbereitung

Worauf kommt es jetzt an? Auf Ihre gute Vorbereitung. Sie haben sich mit sich selbst, mit wichtigen Ausgangsfragen, mit Ihrer mentalen Einstellung zur Thematik beschäftigt. Jetzt geht es noch einen Schritt näher an die bevorstehende Bewerbungssituation heran.

Um eine Prüfung gut zu überstehen, sollte man vorher immer so umfassend wie möglich wissen, was auf einen zukommt. Das gilt ganz besonders für die Prüfungssituation ›Bewerbung‹. Dieses Buch wird Ihnen helfen, sich mit den wichtigsten Grundregeln für die Bewerbungssituation vertraut zu machen.

Grundregel Nummer 1 ist also die gezielte und gute Vorbereitung auf Ihre spezielle Bewerbung. Was bedeutet das? Verdeutlichen Sie sich, daß jeder Schritt (hier bietet sich der Vergleich mit einer Leiter an), jede Aktivität in der Bewerbungssituation auch immer eine Art Arbeitsprobe ist.

Am deutlichsten kann man das an den Etappen Bewerbungsschreiben und Vorstellungsgespräch klarmachen: Ein Anschreiben mit der Anrede »Sehr geehrte Damen und Herren«, obwohl der Ansprechpartner namentlich in der Stellenanzeige benannt wurde, macht sicherlich die Bewerbung nicht total aussichtslos, ist aber ein vermeidbarer (Aufmerksamkeits-)Fehler. Natürlich gibt es noch viel schlimmeres.

Wenn Ihnen im Vorstellungsgespräch z.B. bei der Firma Dr.Oetker auf die Frage »Kennen Sie unsere Produktpalette?« nur mit Mühe »Puddingpulver« und sonst nichts einfällt, geben Sie bezüglich der hier versteckten Arbeitsprobe (Vorbereitung, Wissen, Motivation?) ein denkbar ungünstiges Bild ab. Man wird den Eindruck gewinnen, daß Ihre Vorbereitung auf das spezifische Vorstellungsgespräch bei Dr.Oetker und damit Ihre Arbeitseinstellung bzw. -haltung stark zu wünschen übrig läßt. In der Konsequenz: Man entscheidet sich für einen anderen Bewerber.

Nun waren dies nur zwei kleine Beispiele, um zu verdeutlichen, worum es (uns) geht.

Zunächst aber sollte Ihre elementare Bestandsaufnahme »Können, Wollen, Möglichkeiten« so gut wie abgeschlossen sein.

Sie sind also jetzt in der Lage, die folgenden Fragen zu beantworten:

- Was liegt an Ausbildungs- (und ggf. schon an beruflichen) Erfahrungen hinter Ihnen?
- Wie schätzen Sie sich und Ihre Fähigkeiten ein?
- Wie sieht die aktuelle Situation aus, mit der Sie sich auseinandersetzen müssen?
- Welche Erwartungen haben Sie an Ihre berufliche und private Zukunft?

Was immer Ihre persönliche Standortbestimmung ergibt, Sie kommen an einem Präsentationstraining nicht vorbei:

Als Selbstdarsteller unterwegs

Wen kennen Sie am besten? Sich selbst. Vielleicht fällt es Ihnen gerade deshalb so schwer, sich angemessen einer anderen Person gegenüber darzustellen. Vor allem, wenn man diese nicht kennt, nicht weiß, worauf es z.B. in der Bewerbungssituation ankommt und man das ganze zunächst einmal schriftlich bewältigen muß.

Nicht viel anders verhält es sich bei der Gestaltung des Bewerbungsanschreibens, insbesondere des Lebenslaufes. Dabei steht außer Zweifel, daß jeder Mensch im persönlichen wie im beruflichen Bereich Qualitäten besitzt.

Erstes Ziel ist es, Ihre persönlichen Qualitäten in der schriftlichen Bewerbung so darzustellen, daß Ihr Gegenüber, der Leser Ihrer Bewerbungsunterlagen, Interesse an Ihrer Person bekommt (vgl. dazu S. 52).

Das kann bedeuten, eine neue Form der Selbstdarstellung zu erlernen. Im schulischen Bereich gelten andere Spielregeln und Kommunikationsformen als beim Berufseinstiegsritual.

Jetzt wird es zunächst einmal notwendig, sich selbst zu »managen«, daß heißt sich selbst anzubieten und zu »verkaufen« – mit anderen Worten: sich erfolgreich zu »vermarkten«.

Ein wichtiger Aspekt für Ihre berufliche Zukunft ist also das Erlernen von speziellen Bewerbungstechniken und -strategien, um die eigenen Interessen und Ziele (wenigstens versuchs- und probeweise) durchzusetzen.

Gut verpackt ist jede Ware attraktiver für den potentiellen Käufer. Das gilt insbesondere für die »Ware« Arbeitskraft, auch bereits in einem Stadium, in dem es um eine qualifizierte Ausbildung geht.

Bevor es nun wirklich in die Startposition für den Beginn des Bewerbungsrennens geht, ist noch eine weitere wichtige Vorarbeit zu bewältigen: Die Suche nach Verbündeten.

**Ja und da bleibt immer noch meine Frage, auf die ich hier überhaupt keine Antwort kriege: Was ist der Unterschied zwischen …*

Untersuchung

Recherchieren geht vor Probieren

Wer kann was für Sie tun bei der Ausbildungsplatzsuche?

In erster Linie natürlich Sie selbst. Wer zuhause auf den Anruf wartet, der zu einer attraktiven Berufsausbildung einlädt, kann lange warten.

Verbringen Sie also nicht zu viel Zeit mit Nachdenken darüber, wer Ihnen eine gebratene Taube mundgerecht zufliegen lassen könnte. Wie immer gilt: Keiner bedient Sie so gut, wie Sie sich selbst!

Dennoch: Nicht zu unterschätzen ist die Hilfe und Unterstützung durch andere Personen. Nur allein darauf verlassen sollte man sich eben möglichst nicht. Gott hilft dem, der sich selbst zu helfen weiß.

**Aber: Mühsam ernährt sich das Eichhörnchen! Das fehlte Ihnen wohl in Ihrer Sprichwörtersammlung?*

– Jetzt nicht mehr. Vielen Dank, Frau Voss.

Und das Gebot der Stunde heißt: Recherchieren geht vor Probieren.

Recherchieren bedeutet, Informationen zu sammeln und mosaikartig zu einem Bild zusammenzusetzen. Wichtige Mosaikbausteine dazu kennen Sie bereits – es sind Ihre Überlegungen und Antworten zu dem Fragenkomplex ›Können, Wollen, Möglichkeiten‹.

Das zuletzt genannte Thema »Möglichkeiten« beinhaltet für Sie den »Auftrag«, Informationen über potentielle Ausbildungsmöglichkeiten zu sammeln. Dies kann natürlich nur in engem Zusammenhang mit der Klärung der ersten beiden Fragen (Können und Wollen) wirklich effektiv geschehen.

Der gute Vorsatz, wichtige Dinge selbst in die Hand nehmen zu wollen, bedeutet nicht, auf Experten zu verzichten. Lassen Sie Fachleute für sich arbeiten, nutzen Sie Beratungsangebote vom Arbeitsamt und anderen Einrichtungen, deren Aufgabengebiet mit dem Thema Berufsausbildung verbunden ist.

Die Palette der Beratungsangebote ist breiter, als sie zunächst erscheint. Je nach Zeitpunkt und Ausgangslage können Sie auf relevante berufliche Informationen durch folgende Institutionen hoffen: Angefangen vom

Berufsinformationszentrum (eine spezielle Einrichtung des Arbeitsamtes) über die Studienberatung, die Kammern von Industrie, Handel und Handwerk bis hin zu besonderen Interessenvertretungen. Aber auch Profis wie Personalabteilungen größerer Unternehmen oder Institutionen können durchaus eine nützliche Ratgeberfunktion übernehmen.

Und noch jemand könnte sich als sehr hilfreich erweisen: Insider. Jeder, der sich bereits in der von Ihnen angestrebten Berufsausbildung befindet oder diese absolviert hat, kann Ihnen möglicherweise wertvolle Informationen für Ihr Bewerbungsvorhaben geben. Dabei spielt es gar keine Rolle, ob Sie es mit einem erfolgreichen oder unzufriedenen Azubi oder Ex-Azubi zu tun haben – Sie werden in beiden Fällen wichtige Informationen bekommen.

Ihre Informanten könnten Ihnen auch Wege aufzeigen, über die Sie Kontakt zu potentiellen Ausbildungsplatzvergebern bekommen. Das kann sowohl über Stellenangebote wie -gesuche in Fachzeitschriften als auch in Tages- und Wochenzeitungen erfolgen.

Sogar das Branchenfernsprechbuch sowie andere in Bibliotheken vorhandene Nachschlagewerke können als Wegweiser und Kontaktbereiter nützlich sein.

Die gängigen Quellen

Hier die traditionellen Quellen für die Kontaktaufnahme mit einem potentiellen Ausbildungsplatzvergeber:

- die Stellenanzeige,
- das Arbeitsamt,
- die unaufgeforderte Bewerbung,
- die persönliche Empfehlung,
- das Ausbildungsplatz-Stellengesuch.

Die klassische Stellenanzeige

Sie ist häufig Ausgangspunkt für eine Bewerbung auf Ausbildungsplatzangebote in regionalen oder überregionalen Tages- und Wochenzeitungen sowie Fachzeitschriften.

Wo Sie die richtigen Anzeigen für sich finden, müssen Sie zunächst einmal in Erfahrung bringen. In Ihrer Stadtbücherei liegen in der Regel sowohl die lokalen wie auch die überregionalen Tages- und Wochenzeitungen aus.

Generell sind zwei Sorten von Anzeigen zu unterscheiden: Jemand sucht in einem Stellen- bzw. Ausbildungsplatzangebot eine/n neue/n MitarbeiterIn (bzw. Azubi), oder – schon deutlich weniger häufig – ein Arbeitnehmer (aber auch Ausbildungsplatzsucher) bietet seine Arbeitskraft per Inserat an (Stellengesuch).

Worauf ist bei der Lektüre dieser Anzeigen zu achten? Kommt dieses Angebot für Sie in Frage, d.h. erfüllen Sie die gestellten Anforderungen, und erfüllt der Anbieter Ihre Anforderungen und Erwartungen an einen Ausbildungsplatz?

Fühlen Sie sich durch den Anzeigentext angesprochen? Welches Image versucht der Ausbildungsplatzanbieter zu vermitteln? Hat man sich bei der Anzeige und ihrer Gestaltung Mühe gegeben, oder handelt es sich eher um einen schlichten, wenn nicht gar häßlichen, unprofessionellen Schnellschuß? Kennen Sie die Firma? Können Sie mehr an Informationen direkt erfragen oder über dritte an Hintergrundwissen herankommen?

Die Beantwortung dieser Fragen hilft Ihnen bei der Entscheidung, ob Sie sich bei diesem Ausbildungsplatzanbieter bewerben sollten oder vielleicht besser nicht. Manchmal steckt aber auch hinter dem unbeholfenen wirkenden Inserat das menschlich bessere Betriebsklima und hält die professionell gestylte Anzeige später nicht, was sie verspricht (Papier ist geduldig).

Der bewährte Weg übers Arbeitsamt

Das Gespräch mit Ihrem Berufsberater auf dem Arbeitsamt kann klären, was möglich ist.

Hier bekommen Sie für den angestrebten Ausbildungsberuf Hinweise auf Firmen oder Institutionen, die Azubis einstellen.

Die unaufgeforderte Bewerbung

Sie stellt eine besondere Form der Werbung in eigener Sache dar und erfordert Fingerspitzengefühl. Am Anfang steht die Vorauswahl von Branche und potentiellen Ausbildern.

Die per Telefon, schriftlich oder persönlich durchgeführte unaufgefor-

derte Bewerbung ist um so erfolgversprechender, je überzeugender Sie sich und Ihr Anliegen präsentieren können.
Denken Sie an gute Fernseh-Werbefilme, die Sie neugierig gemacht oder sogar zum Ausprobieren verleitet haben, und werben Sie mit der unaufgeforderten Bewerbung in eigener Sache (s. S. 52).

Die individuelle, persönliche Empfehlung

Diese setzt voraus, daß Sie Leute kennen, die Sie mögen und fördern wollen (»Vitamin B«). Wenn nicht, sorgen Sie dafür, daß solche Beziehungen entstehen, zum Beispiel durch Verwandte, Bekannte, Freunde, Freunde der Freunde, Kollegen der Eltern, Geschwister usw. Der Phantasie sind keine Grenzen gesetzt, der Zweck heiligt die Mittel. Und wenn Sie keiner empfiehlt, empfehlen Sie sich selbst. Vielleicht verfügen Sie ja auch aufgrund von Praktika oder Jobs über Kontakte zu Unternehmen oder Institutionen.

Das kreative eigene Ausbildungplatz-Stellengesuch

Sie bieten sich aktiv an. Studieren Sie zu Ihrer Anregung einmal die entsprechenden Rubriken in Tages- und Wochenzeitungen sowie Fachzeitschriften. Auch hier gilt das Prinzip »Werbespot«.

Ausgangspunkt und Basis der Gestaltung eines erfolgreichen Stellengesuches sind die kurzen, prägnanten Antworten auf die Ihnen bekannten Fragen
– Wer bin ich? – Was kann ich? – Was will ich?

Neben dem gut formulierten Text kommt es bei Stellengesuchen – und das gilt auch für Azubi-Bewerber – auf den richtigen Zeitpunkt an: von Ihnen aus betrachtet (also nicht gerade, bevor Sie für drei Monate nach Australien gehen) sowie aus der Sicht des potentiellen Arbeitgebers (salopp formuliert: Weihnachtsmänner sind zu Ostern noch nicht gefragt, aber im November käme ihr Stellengesuch schon fast zu spät). Wichtig ist auch die Auswahl des richtigen Mediums. In der Fleischerfachzeitung kann man sich nicht als Bäcker-Azubi anbieten.

Zusammengefaßt: Nicht nur der Inhalt, sondern auch Zeitpunkt, Auswahl, Plazierung und natürlich Größe Ihres Ausbildungsplatzgesuches (weder zu groß, noch zu bescheiden) sind wichtige Faktoren, die es zu bedenken gilt.

Bewerbungsanschreiben

Wissen worauf es ankommt – damit Sie ankommen

Mental haben Sie sich auf die Bewerbungsszenerie gut vorbereitet. »Bewerbungstheoretisch« gesprochen: Sie wissen, was Sie können, was Sie wollen und was Sie anzubieten haben. Das sind die richtigen Voraussetzungen, sich der neuen konkreten Aufgabe zu stellen: Jetzt kommt der Moment, sich schriftlich vor- und darzustellen.

Ist Ihnen klar: Sich be-werben bedeutet, Werbung für Ihre Person, Ihre potentielle Dienstleistung, also für Ihre zukünftige Arbeitskraft zu machen. Zunächst einmal wollen Sie aber etwas lernen, sich Spezialkenntnisse aneignen.

Einmal angenommen, Sie sind ein berühmter Koch: Würden Sie Ihre geheimen Kochrezepte jedem, der daherkommt und sagt, er möchte gerne kochen lernen, einfach so verraten? Sicherlich nicht. Es bedarf ganz gewiß einer Vertrauenswerbung. In der Schule haben Sie schließlich auch nicht jeden abschreiben lassen. Es geht also bei dem Akt des Bewerbungsanschreibens für Ausbildungsplatzsucher auch um den Versuch, Vertrauen zu gewinnen. Das beinhaltet ebenso Sympathie, die jemand für Sie empfinden muß. Erleichtern Sie es der »anderen Seite« – im eigenen Interesse.

Mit der schriftlichen Bewerbung geben Sie eine Art Visitenkarte und erste Arbeitsprobe und erzeugen damit einen ersten Eindruck bei dem potentiellen Arbeitgeber bzw. seinen Vertretern (Personalchef, Ausbildungsleiter, Sekretärin etc.). Daß dieser wichtige erste Eindruck positiv sein sollte und Ihnen deshalb zu einer Einladung für einen Auswahltest und besser noch zu einem Bewerbungsgespräch verhilft, ist das erklärte Ziel.

∗ *Darf ich mal eine Zwischenfrage stellen?*

– Ja, Herr Mühsam, bitte.

∗ *Wenn mir jemand bei der ersten Begegnung die Hand entgegenstreckt, wir uns also begrüßen, nehme ich die Hand und schüttle ich sie oder soll ich es ohne Schütteln machen, also beim ersten Mal beispielsweise?*

– Wir möchten diese Frage, wenn Sie gestatten, noch etwas zurückstellen, Herr Mühsam. Zum Vorstellungsgespräch kommen wir ja noch später.

Zur Sache – Ein Übungs(bei)spiel

Zum möglichst praxisnahen Einstieg in das Thema Bewerbungsanschreiben bieten wir Ihnen zunächst das folgende Übungsspiel an – indem wir die Rollen umkehren. Jetzt sind Sie in unserer Rolle, der Position des Bewerbungsberaters.

Der Bewerber, den Sie beraten, heißt Peter Boch und möchte gern Bankkaufmann werden. Sie bekommen die Original-Anzeige, auf die er sich bewirbt, sowie fünf verschiedene Entwürfe für Bewerbungsanschreiben. Entdecken Sie Fehler und Schwächen und entscheiden Sie, welches Bewerbungsanschreiben die meisten Chancen auf Erfolg hat.

Hier der Text der Stellenanzeige in der »Abendpost« vom 10.5.93:

Kommen Sie zu uns

Auszubildende
zum/zur Bankkaufmann/-frau

Wir bieten engagierten jungen Damen und Herren eine intensive und effektive Ausbildung mit vielversprechenden Berufsperspektiven.

Als die Berliner Stadtbank wissen wir unsere Auszubildenden zu qualifizieren und ihnen fundiertes Fachwissen auf den Berufsweg mitzugeben. Sprechen Sie mit uns, der sympathischen Bank für den Berliner Stadtmenschen.

Wenn Sie Fragen haben: Auf Ihren Anruf freut sich unser Ausbildungsleiter, Herr Dr. Meyer (Tel. 2 56 34). Oder schicken Sie ihm doch gleich Ihre Bewerbungsunterlagen:

Berliner Stadtbank, Abt. I A, Moritzplatz 11-13, 1000 Berlin 17

Anschreiben 1

Peter Boch
Maienburger Allee 123
1000 Berlin 10

Tel: 030-391 23 54

An die
Berliner Stadtbank
Personalabteilung
z.Hdn.: Herrn Meyer
Moritzplatz 11-13

1000 Berlin 17

Sehr geehrte Damen und Herren,

mir ist bekannt, daß Sie Auszubildende einstellen. Ich bewerbe mich! Der Beruf des Bankkaufmann hat mich schon immer interessiert. Sowohl mein Onkel wie auch das Berufsinformationszentrum haben mich mit substantiellen Informationen versorgt.

Zur Zeit besuche ich das Steglitzer Gymansium und werde im nächsten Sommer die Schule mit der Hochschulreife verlassen. Ein Studium kommt für mich nicht in Frage, da ich mehr berufspraktisch orientiert bin. In meiner Freizeit betätige ich mich als Schatzmeister für unseren Jugend-Sport-Verein. Daneben bin ich auch aktiv sportlich engagiert.

Ich würde mich freuen wenn Sie meine Bewerbung um einen Ausbildungsplatz zum Bankkaufmann berücksichtigen könnten. Über die Gelegenheit zu einem persönlichen Gespräch würde ich mich freuen.

Mit herzlichem Gruß

Peter Boch

Anschreiben 2

Peter Boch
Maienburger Allee 123
1000 Berlin 10

12.5.93

Tel: 391 23 54

An die
Berliner Stadtbank
Abt I A
z.H. Herrn Dr. Meyer
Moritzplatz 11

1000 Berlin 17

Ihre Anzeige vom 10.5.93 Stichwort: Auszubildende

Sehr geehrter Herr Dr. Meyer,

auf die Anzeige Ihrer Bank bewerbe ich mich um die Ausbildung zum Bankkaufmann.

Zur Zeit besuche ich das altsprachliche Steglitzer Gymnasium. Ich werde das Abitur im nächsten Frühjahr machen und strebe dann eine praktisch orientierte, berufsbezogene Ausbildung an.

Schon sehr lange ist es mein Wunsch, eine Banklehre zu absolvieren. Damit würde ich auch eine lange Familientradition fortsetzen. Mein Großvater und Vater haben beide eine Bankkaufmannslehre absolviert.

Über die Berliner Stadtbank habe ich mich in meiner Bezirksfiliale informieren lassen. Den mir von dem Bankleiter vorgestellten Ausbildungsgang finde ich wirklich überzeugend.

Zu meiner Person: In meiner Freizeit bin ich sportlich engagiert und führe als Schatzmeister unseres kleinen Vereins die Kasse.

Ansonsten beschäftige ich mich bevorzugt mit meinem Atari-Computer und mit Numismatik.

Sicherlich gibt es noch viele Fragen, und ich würde mich freuen wenn die Möglichkeit bestände, in einem persönlichen Gespräch diese zu klären.

Hochachtungsvoll

Peter Boch

Anlagen

Anschreiben 3

Peter Boch
Maienburger Allee 123
1000 Berlin 10
Tel. 391 23 54

Berlin, 12.5.1993

An die
Berliner Stadtbank
Abt I A
z.H. Herrn Dr. Meyer
Moritzplatz 11 – 13
1000 Berlin 17

Ausbildung zum Bankkaufmann
Ihre Anzeige in der Abendpost vom 10.5.93

Sehr geehrter Herr Dr. Meyer,

für die Berliner Stadtbank suchen Sie Auszubildende.

Gerne bewerbe ich mich bei Ihrem Unternehmen für eine bankkaufmännische Ausbildung.

Im Sommer nächsten Jahres werde ich am Steglitzer Gymnasium das Abitur machen. Im Anschluß daran strebe ich eine fundierte Berufsausbildung in einer Großbank an. Deshalb habe ich mich bei verschiedenen Banken über die Ausbildungsgänge informiert und wünsche mir jetzt, einen Ausbildungsplatz bei der Berliner Stadtbank zu bekommen.

Schon seit längerer Zeit setze ich mich mit diesem Berufsziel aktiv auseinander. Sowohl mein Großvater als auch mein Vater haben ihre berufliche Laufbahn mit einer fundierten Bankausbildung begonnen.

Meine Interessenschwerpunkte in der Schule betreffen die Fächer Wirtschaft und Informatik. Leider wird Informatik nur im Rahmen einer freiwilligen Arbeitsgemeinschaft angeboten. Mit meinem PC beschäftige ich mich daher auch sehr gerne in meiner Freizeit. Als Schatzmeister unseres Jugendsportvereins, habe ich Gelegenheit, in einem kleinen Rahmen mit Finanzorganisation umzugehen. Selbstverständlich bin ich in unserem Verein auch als Sportler aktiv.

Ich würde mich freuen, wenn Sie mich zu einem Ihrer Testauswahlverfahren einladen und sich daraus die Gelegenheit zu einem Vorstellungsgespräch ergibt.

Mit freundlichen Grüßen

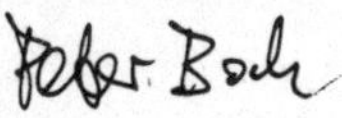

Anlagen

Anschreiben 4

Peter Boch
Maienburger Allee 123
1000 Berlin 10

12.5.93

An die
Berliner Stadtbank
Abt I A
z.H. Herrn Dr. Meyer
Moritzplatz 11 – 13

1000 Berlin 17

Ihre Anzeige in der Abendpost vom 10.5.93
Ausbildung zum/zur Bankkaufmann/-frau

Sehr geehrter Herr Dr.Meyer,

mit großem Interesse habe ich Ihre Anzeige gelesen und bewerbe mich um einen Ausbildungsplatz zum Bankkaufmann.

Im nächsten Frühjahr werde ich auf dem altsprachlichen Steglitzer Gymnasium das Abitur machen. Nach reiflicher Überlegung habe ich mich dazu entschlossen, vor dem Studium der Betriebswirtschaft eine Ausbildung zum Bankkaufmann zu absolvieren.

Zu meinen leistungsstarken Schulfächern gehört das Fach Wirtschaft ebenso wie Englisch. Darüberhinaus bin ich in einer freien Arbeitsgemeinschaft Informatik sehr engagiert.

Mit meinem PC beschäftige ich mich auch sehr gerne in der Freizeit. Ich bekleide das Amt des Schatzmeisters in unserem Jugend-Sport-Verein. Das Sammeln von deutschen Sondermünzen gehört ebenfalls zu meinen Hobbys.

Auch wenn ich mich ausführlich über den Ausbildungsgang Bankkaufmann im Berufsinformationszentrum und im Freundes- und Bekanntenkreis informiert und beraten lassen habe, gibt es doch noch einige Fragen, die ich an Sie als Ausbildungsleiter hätte.

Über eine Einladung zu einem persönlichen Gespräch würde ich mich sehr freuen.

Mit freundlichen Grüßen

Peter Boch

Anlagen

Anschreiben 5

Peter Boch · Maienburger Allee 123 · 1000 Berlin 10
T 391 23 54

12.5.1993

An die
Berliner Stadtbank
Abt I A
z.H. Herrn Dr. Meyer
Moritzplatz 11 – 13

1000 Berlin 17

Ihre Anzeige in der Abendpost vom 10.5.93
Ausbildung zum Bankkaufmann

Sehr geehrter Herr Dr. Meyer,

ich bewerbe mich auf Ihre Anzeige um eine Ausbildung zum Bankkaufmann und beziehe mich auf unser heutiges Telefongespräch.

Schon seit einiger Zeit weiß ich, daß ich diesen Ausbildungsgang nach meinem Abitur im Sommer nächsten Jahres anstrebe.

Ich bin Schüler des Steglitzer Gymnasiums. Meine leistungsstarken Fächer sind Wirtschaft und Englisch. Sehr engagiert arbeite ich auch in unserer schulischen Arbeitsgemeinschaft Informatik mit. An meinem PC zuhause verbringe ich einen Teil meiner Freizeit. Außerdem bin ich als 10-Kämpfer und Schatzmeister in unserem Jugend-Sportverein aktiv.

Meine Entscheidung für den Beruf des Bankkaufmanns basiert auf Gesprächen mit meinem Großvater und meinem Vater, die beide ihre Berufskarriere mit einer Ausbildung zum Bankkaufmann begannen. Durch weitere Gespräche mit Bankangestellten und im Berufsinformationszentrum habe ich mir einen Überblick über den Arbeitsplatz Bankbereich verschafft und bin sicher, die für mich richtige Berufsentscheidung getroffen zu haben. Am Ausbildungsgang der Berliner Stadtbank hat mich besonders angesprochen, daß ein Teil sich vertiefend mit der bankspezifischen Datenverarbeitungstechnik beschäftigt.

Ich würde mich freuen, wenn Sie mir die Möglichkeit geben, am Auswahltestverfahren teilzunehmen und sich daraus ein Vorstellungsgespräch ergibt.

Mit freundlichen Grüßen

Peter Boch

Anlagen: Lebenslauf mit Foto
Zeugniskopien

Welches Berwerbungsanschreiben wirbt am erfolgreichsten für Peter Boch? Welches sollte er abschicken? Versuchen Sie zunächst einmal eine eigene Begutachtung und Bewertung, bevor Sie weiterlesen. Diese Übung schult Ihre Sensibilität für die wesentlichen formalen und inhaltlichen Aspekte beim Bewerbungsanschreiben!

Unsere Analyse:

Anschreiben 1:
Ein derartiges Bewerbungsanschreiben würde mit an Sicherheit grenzender Wahrscheinlichkeit nicht zu einer Einladung zum Test oder zum Vorstellungsgespräch führen.

Haben Sie die vielen Fehler erkannt? Es fängt mit der (am gleichen Ort) unsinnigen Vorwahltelefonnummer an, setzt sich über das vergessene Datum fort. Das Schreiben strotzt vor katastrophalen orthographischen, grammatikalischen, stilistischen und inhaltlichen Fehlern. Auch die Blatt- und Zeilenaufteilung ist nicht korrekt. U.a.: Adressenfeld: »Personalabteilung« ist falsch; Herr Meyer ohne Titel; Bezugszeile fehlt; Anrede falsch; der Ausruf »Ich bewerbe mich« nimmt schon kabarettistisches Ausmaß an; »Onkel« und »substantiell«; »die Schule mit der Hochschulreife verlassen« und daneben engagiert sein usw.; Grußformel falsch; Hinweis auf Anlagen fehlt. Fazit: megaout.

Anschreiben 2
Auch bei diesem Elaborat will keine richtige Freude aufkommen. Als erste Arbeitsprobe darf im Adressenfeld kein Fehler in der Hausnummer sein. Das Stichwort in der Bezugszeile ist unzureichend, der Einleitungssatz hausbacken. Ebenso die Stilblüten »Familientradition fortsetzen«, »Mein Großvater und Vater«, Kasse führen, der Atari-Computer mit Numismatik. Die Grußformel ist out, die Anlagen sind nicht aufgeführt. Konsequenz: aussortiert.

Anschreiben 3
Schon deutlich weniger Fehler. Eine etwas merkwürdige Datumsplazierung und fehlende Aufführung der Anlagen sind vermeidbare Formfehler. Stilistisch-argumentativ ansonsten durchaus überzeugender. Wahrscheinlich: Einladung zum Test.

Anschreiben 4
Erster Eindruck: Das Absenderfeld ist falsch plaziert, später fällt auf: Telefonnummer fehlt. Bezugszeile ist ungeschickt (einfache Übernahme des Anzeigentextes – frei nach Tucholsky: Nach dem Geschlecht befrage man seinen Hausarzt). Der nächste Fehler: die Aussage – vor Studium Banklehre – ist unnötig bis dumm. Fragen an den Ausbildungsleiter hätte man mit Hilfe der angebotenen telefonischen Vorab-Gesprächsmöglichkeit vielleicht klären können. Gehört also nicht in den Text. Formfehler: Anlagen nicht aufgeführt. Trotz einiger guter Formulierungen: Einladung weniger wahrscheinlich.

Anschreiben 5
Absenderzeile ungewöhnlich, aber kein Ablehnungsgrund. Trotzdem ungeschickt. Text:

bis auf »Berufskarriere« (Opa, Papa) ordentlich. Positiv: Die Bezugnahme auf das Telefonat und der Versuch, zu begründen, warum gerade die Berliner Stadtbank. Gut: Anlagen sind aufgeführt. Einladung zum Test wahrscheinlich.

Zusammenfassend: Zwei Anschreiben (3, 5) führen wahrscheinlich zur Einladung, zwei (1, 2) garantiert nicht, eines (4) eventuell. Nur bei einem ist erkennbar, daß von der angebotenen telefonischen Vorab-Kontaktaufnahme Gebrauch gemacht wurde. Schade. Eine gute Möglichkeit, sich schon einmal akustisch bekannt zu machen (s. S. 65). Übrigens: Kein Schreiben (also auch die von uns vorgestellten) ist so perfekt, daß es nicht verbessert werden könnte. Vermeiden Sie vermeidbare Fehler. Machen Sie es besser.

∗ *Leichter gesagt als getan, meine Herren Besserwessi!*
∗ *Unerträglich, dieser belehrende Tonfall, nicht wahr, Herr Mühsam?*

Nach diesem Praxisbeispiel zurück zu den Grundlagen.

Selbst erfolgreiche Berufsvertreter mit einem wirklich bestechenden Bildungshintergrund scheitern oft kläglich, wenn es in einer Bewerbungssituation darum geht, die eigene Person in schriftlicher Form angemessen und vorteilhaft zu präsentieren.

Obwohl fast alle Bewerbungsratgeber die formalen Rahmenbedingungen einer schriftlichen Bewerbung ausführlich benennen, werden immer wieder gravierende Fehler gemacht.

Das führt zu dem Ergebnis, daß im Schnitt von 100 eingegangenen schriftlichen Bewerbungen etwa 80 quasi sofort aussortiert werden, weil grobe formale (Präsentations-) Fehler ein intensiveres Sich-beschäftigen mit dem Bewerber von vornherein nicht lohnenswert erscheinen lassen. Bei Azubis sieht die Quote günstiger aus, weil man hier etwas milder urteilt.

Die Ablehnungsgründe beziehen sich in dieser allerersten Auslesephase überwiegend noch nicht auf inhaltlich-qualitative Aspekte. Daraus läßt sich mit Recht schlußfolgern, daß die perfekte Gestaltung der schriftlichen Bewerbungsunterlagen ein absolutes Muß ist.

Nun weiß man, daß bei Ausbildungsplatzbewerbern das Bewerbungsanschreiben nicht der alleinige Schlüssel zum Erfolg ist. Wichtiger sind Testergebnis und Vorstellungsgespräch. Das darf aber nicht dazu verführen, die Beispielbewerbungsanschreiben aus dem Arbeitsamtheft »mach's richtig« oder aus den »extra infos für Abiturienten ...« der *Deutschen Bank* einfach abzuschreiben. Ausbildungsleiter klagen darüber, daß ihnen hunderte von nahezu textgleichen Azubi-Bewerbungsanschreiben zugemutet werden, denen jeder Funke einer individuellen Kreativität fehlt. So überrascht die Bedeutung, die Personalchefs bei einer von uns durchgeführten Umfrage doch noch den Bewerbungsunterlagen beimessen. Es lohnt sich also, für das Bewerbungsanschreiben ein paar Stunden Zeit zu investieren.

Formale Standards

In der Regel besteht eine schriftliche Bewerbung aus mehreren, den sogenannten »üblichen« Unterlagen:

- das Bewerbungsanschreiben
- der Lebenslauf
- das Foto
- die Zeugniskopien

Weitere Anlagen zum Bewerbungsanschreiben können unter Umständen sein: Zertifikate über besondere Schulungen, Kurse etc., eine Handschriftenprobe, in seltenen Fällen Referenzen/Empfehlungen bzw. das polizeiliche Führungszeugnis.

Wie gesagt: Immer wieder werden bei der schriftlichen Bewerbung Formfehler gemacht. Hier unsere allgemeinen Empfehlungen für die Gestaltung der Bewerbungsunterlagen:

- Verwenden Sie für Bewerbungsanschreiben und Lebenslauf nur gutes weißes, nicht liniertes DIN-A4-Papier, das Sie nur einseitig beschreiben.
- Eigenes Briefpapier mit Name und Anschrift (dezentes Design) muß nicht sein, dürfte sich aber auch nicht als Nachteil erweisen (Kosten ca. ab 100 DM aufwärts).
- Benutzen Sie für beide Schreiben (wenn nicht ausdrücklich handschriftlich verlangt) eine Schreibmaschine mit gutem Farbband und Schriftbild bzw. einen Computer mit möglichst gutem Drucker (Schönschrift!).
- Für Ihre Unterschrift (kein Autogramm oder eine Rezeptblock- Arzt-Unterschrift!) empfehlen wir Königsblau aus einem Füllfederhalter oder Tintenschreiber. Rot, grün oder schwarz kommen nicht gut an (nicht politisch gemeint).
- Für Ihre Schreiben gilt: nicht radieren, verbessern, durchstreichen oder mit Tipp-ex korrigieren, besser: neu schreiben.
- Grammatik, Rechtschreibung und Zeichensetzung müssen korrekt sein.
- Achten Sie auf eine übersichtliche, klare Gliederung (Zeilen, Trennungen, Absätze).
- Wichtig sind gute Platzeinteilung und angemessene Ränder (ca. 4 cm links, ca. 3 cm rechts).

- Flecke, Eselsohren, zerknülltes Papier fallen extrem negativ auf, aber alles in Klarsichtfolien »einzuschweißen« ist auch keine Lösung (am schlimmsten: alle Unterlagen in eine Hülle zu zwängen, aus der sie der Personalchef dann nur mühsam hervorzerren kann).
- Das Anschreiben lose, die anderen Unterlagen am besten in einen biegsamen Plastik-Schnellhefter mit Klarsichtdeckel einheften (Achtung: Farbwahl des Schnellhefters berücksichtigen – schwarz oder pink ist eher ungünstig).

  Reihenfolge der Unterlagen:
  – Lebenslauf (Foto oben rechts, gut festgeklebt)
  – evtl. Handschriftenprobe
  – das neueste Zeugnis bzw. das Abiturszeugnis (Kopie!)
  – ggf. weitere Schul- oder Ausbildungszeugnisse, Nachweise
  – weitere Unterlagen (s.o.)
  Generell gilt: je wichtiger die Unterlage, das Dokument, desto weiter vorn abheften.
- Für die Anlagen (Zeugnisse etc.) nur gute, neue Fotokopien verwenden (nicht solche, denen man eine mehrfache Postreise ansieht).
  Achtung: verwenden Sie keine Original-Zeugnisse oder -Bescheinigungen (nur Anschreiben, Lebenslauf und Handschriftenprobe müssen bei jeder Bewerbung Originale sein).
- Machen Sie sich Fotokopien von allen Unterlagen, die Sie verschicken (also auch vom Bewerbungsanschreiben und Lebenslauf), damit Sie nach 6 oder 8 Wochen noch wissen, was man von Ihnen weiß bzw. auf dem Tisch hat.
- Verwenden Sie für die postalische Zusendung aller Unterlagen einen stabilen DIN-A4-Umschlag; das Bewerbungsanschreiben lose auf den o.g. Schnellhefter legen.
- Achten Sie auf die korrekte Umschlaggestaltung – keine innovativen Experimente bei Adresse, Absender, Briefmarkenpositionierung (bloß keine Aufkleber, egal ob für Frieden, Umwelt oder Weihnachten).
- Versandart: Ganz normal, nicht per Expreß (= zu sehr drängelnd), oder gar Einschreiben-Rückschein (= Zwangscharakter).
- Wichtig: die richtige Frankierung.
- Bevor Sie alles abschicken empfiehlt sich ein letzter Check durch eine von Ihnen ausgewählte »Personalkommission«.

Jetzt im einzelnen zu den drei Säulen der schriftlichen Bewerbung: Bewerbungsanschreiben – Lebenslauf – weitere Unterlagen:

Werbung in eigener Sache

Das Bewerbungsanschreiben ist Ihre Visitenkarte, eine Art erste Arbeitsprobe, und kann Ihre Chancen, den gewünschten Ausbildungsplatz zu bekommen, erheblich verbessern, wenn Sie hier gut argumentieren und formulieren. In vielen Fällen ist es der erste Schritt, die erste Hürde, die es zu nehmen gilt, um im Bewerbungsverfahren überhaupt weiterzukommen.

Es ist durchaus nicht außergewöhnlich, angesichts der Bedeutung einer Bewerbung allein für das Anschreiben mehrere Stunden Zeit zu investieren. Profis entwicklen übrigens drei alternative Anschreiben, um diese dann einer selbst ausgewählten »Personalkommission« vorzulegen. Durch Tips und Kritik von anderer Seite läßt sich das Bewerbungsanschreiben wesentlich optimieren.

Bedenken Sie: Es geht um den ersten guten Eindruck durch das Bewerbungsanschreiben. Dabei kann Ihnen die folgende Grundformel aus der Werbepsychologie behilflich sein: A I D A.

AIDA steht für:

A = attention (Aufmerksamkeit erzeugen)
I = interest (Interesse wecken)
D = desire (Wunsch zur Vorstellungsgespräch-Einladung auslösen)
A = action (die Handlungsaktivität provozieren)

Ihr Ziel ist es, durch das Bewerbungsanschreiben und die beigefügten Unterlagen eine Einladung zum Vorstellungsgespräch oder wenigstens erstmal zum Test (wenn dieser sein muß) zu erhalten. Das AIDA-Modell ist eine hilfreiche Leitlinie für den Aufbau Ihres Bewerbungsanschreibens:

Es kommt darauf an, in kurzer, komprimierter Form alle wichtigen Argumente, die für Sie sprechen (und zu einer Einladung führen könnten), gut formuliert vorzutragen. Der Leser soll neugierig gemacht werden auf Ihre weiteren Unterlagen und damit natürlich auf Sie als Person. Der Wunsch, Sie kennenzulernen, muß entstehen.

Neben den oben erwähnten wichtigen formalen Regeln sollten Sie bei Ihrem Bewerbungsanschreiben vor allem das alte Sprichwort *In der Kürze liegt die Würze* berücksichtigen und nicht mehr als eine Seite schreiben (optimale Lösung). Da dieser Rat aber überall gegeben wird und Ausbildungsplatzsuchende sich beim Bewerbungsschreiben schwertun und froh sind, wenn nach einer Seite alles getan ist, neigen wir dazu, den einen oder anderen von Ihnen zu ermutigen, ruhig 1 1/2 Seiten zu schreiben. Bei 99,99% einseitiger Bewerbungsanschreiben fällt Ihres mit einer halben Seite mehr – zumal Sie einen besonderen Bildungsabschluß haben und gut formulieren können – wohltuend anders auf (weil nicht 08/15).

Zwei Seiten können in besonderen Fällen vielleicht gerechtfertigt sein (Kindheit im Ausland etc.), erzeugen aber beim eiligen Leser Ungeduld. Wer drei Seiten oder gar mehr schreibt, bringt sich um jede Chance. Erzählungen oder ganze Romane sind für den weiteren Bewerbungsverlauf absolut »tödlich«. Es soll Personalchefs geben, die die eingegangenen Unterlagen erst einmal auf die Briefwage legen und bei klarem »Übergewicht« gleich mit dem Vermerk »Absage« versehen.

Aufbau und Inhalt

Versuchen Sie, auf den Anzeigentext (Ausbildungsplatzangebot, wenn es sich um ein Bewerbungsschreiben auf eine Anzeige hin handelt) oder auf den sonstigen Bewerbungsanlaß (z.B. bei einer unaufgeforderten Bewerbung oder nach einem Telefonat) Bezug zu nehmen.

Welche Argumente sprechen dafür, daß Sie der richtige Bewerber für den zu besetzenden Ausbildungsplatz sind? Was sind Ihre Qualifikationen und Qualitäten (Kenntnisse, Fähigkeiten, Eigenschaften), die z.B. den im Anzeigentext genannten Anforderungen entsprechen?

Warum bewerben Sie sich (Motivation), was ist Ihr Ausgangspunkt, und was sind Ihre Ziele? (Ggf.: ab wann stehen Sie zur Verfügung?).

Nach diesen ca. vier bis maximal acht oder zehn gut formulierten, überzeugenden Sätzen endet Ihr Bewerbungsanschreiben mit der Bitte um ein Vorstellungsgespräch (ggf., wenn Sie es sicher wissen, um einen Testtermin), der Grußformel, Ihrer Unterschrift und dem Hinweis auf die Anlagen (Auflistung).

Schematisch stellt sich das so dar:

(1 Leerzeile)
Vorname, Name — Ort, Datum
Straße, Hausnummer
Postleitzahl, Ort
Vorwahl- / Telefonnummer

(4 Leerzeilen)
Firmen-/Institutionsname
z.H. Frau/Herrn ...
Straße, Hausnummer bzw. Postfach
(1 Leerzeile)
Postleitzahl, Ort

(3-4 Leerzeilen)
Bezugszeile (»Betr.:« zu schreiben ist heute unüblich!)

(2-3 Leerzeilen)
Anrede (wenn nicht namentlich bekannt: »Sehr geehrte Damen und Herren«)

(1 Leerzeile)
Text (wie oben beschrieben nicht zu lange Sätze, mit Absätzen strukturieren)

(1 Leerzeile)
Grußformel (üblich: »Mit freundlichen Grüßen«)

(2-3 Leerzeilen)
Unterschrift (Vor- und Nachname)
(Warnung vor dem Graphologen – keine Autogramme schmieren)

(2-4 Leerzeilen)
Anlagen (wenn Platz ist: beigefügte Unterlagen aufführen)

A und O – Zu Anfang und Ende

Wichtig beim Bewerbungsanschreiben ist ein gelungener »Auftakt« sowie ein guter »Abgang«. Aller Anfang ist schwer – aber gerade beim Bewerbungsanschreiben kann eine gute Eröffnung ähnlich wie beim Schach recht hilfreich sein. Typische und sehr langweilige Eröffnungen sind: »Hiermit bewerbe ich mich um ...« oder »Ich beziehe mich auf Ihre Anzeige ...«

Beim Briefende werden schon weniger Fehler gemacht, aber auch hier gilt es, verbindlich-freundlich und gut zu formulieren.

Hier zunächst einige Beispiele, die eine vielleicht etwas elegantere Eröffnung gestatten (alles Geschmackssache):

- In Ihrer Anzeige vom ... suchen Sie einen ...
- Sie beschreiben eine berufliche Ausbildung, die mich besonders interessiert ...
- Ich beziehe mich auf den von Ihnen angebotenen Ausbildungsplatz ...
- Mit großem Interesse habe ich Ihre Anzeige gelesen und möchte mich Ihnen als Ausbildungsplatzsuchende/r vorstellen ...
- Sie suchen einen ...
- Ich bin ... und habe mit großem Interesse ... gelesen ...
- Ich stelle mich Ihnen als ... vor und habe großes Interesse an ...

Nur falls Sie sich für ein Kreativfach bewerben (Werbeagentur, Fotografie etc.) wäre es denkbar, außer mit namentlicher Anrede oder der Formel »Sehr geehrte Damen und Herren« z.B. mit einem »Guten Tag!« oder vielleicht sogar mit einem »Hallo!« zu beginnen. Logo, daß so etwas bei einem konservativen Ausbildungsplatzvergeber katastrophale Minuspunkte einbringt.

Bei der Abschluß- und Abrundungsformulierung sollten Sie nicht auf die klassischen Standards zurückgreifen: »... und stehe ich Ihnen jederzeit für ein Vorstellungsgespräch zur Verfügung.« In unseren fünf Beispielschreiben finden Sie einige alternative Vorschläge.

Wenn Sie wissen, daß vor dem Vorstellungsgespräch auf jeden Fall ein Einstellungstest stattfindet, bitten Sie (auch zähneknirschend) um eine entsprechende Einladung.

Bei der Grußformel können Sie, falls Sie sich nicht am Heimatort bewerben, auch so enden: Mit freundlichen Grüßen aus XY.

∗ *Frau Voss?*
∗ *Ja, Herr Mühsam?*
∗ *Wie handhaben Sie denn das mit dem Handgeben und Schütteln?*
∗ *Da habe ich mir noch gar keine Gedanken gemacht, Herr Mühsam, aber ich finde, das ist eine hochinteressante Fragestellung, genauso wie die fundamentale Frage nach dem Unterschied zwischen einer Fahrrad- und einer Reifenprüfung.*

Lebenslauf

Damit Ihre Bewerbung richtig läuft

Der Lebenslauf ist zusammen mit dem Bewerbungsanschreiben das wichtigste Dokument, das für oder gegen Sie spricht. Wie bereits mehrfach gesagt: eine Arbeitsprobe.
Somit darf man sich nicht wundern, wenn für die sorgfältige Formulierung dieses Bewerbungsabschnittes wiederum mehrere Stunden aufgewendet werden müssen.

Im Gegensatz zur landläufigen Meinung gibt es übrigens bei der Bewerbung nicht nur einen ein für alle Mal feststehenden Lebenslauf, sondern immer mehrere Varianten, die sich gestalten lassen. Dies ist für Sie als Azubi-Bewerber noch nicht von so großer Bedeutung, aber ob Sie einen Ausbildungsplatz im Diakonischen Werk bzw. bei der Caritas oder bei einem internationalen Großkonzern wie z.B. *Siemens* anstreben, sollte bei der Gestaltung des Lebenslaufes berücksichtigt werden (Stichworte z.B.: Religionszugehörigkeit, Taufe, bisheriges kirchlich-gemeindeorientiertes Engagement usw.).

Nachfolgend einige Beispiele für die formale Gestaltung eines tabellarischen Lebenslaufes. Dabei geht es uns zunächst einmal um die Präsentationsform.

1. Beispiel

Lebenslauf

Foto

Name:	Peter Boch
Geburtsdatum:	11.11.1976
Geburtsort:	Nürnberg
Eltern:	Vater: Heiner Boch, Schlossermeister Mutter: Renate Boch, geb. Angst
Geschwister:	1 Bruder, 1 Schwester
Schulbildung:	Grundschule in Berlin, 1981-1987 seit September 1987 am Steglitzer Gymnasium in Berlin
Leistungsfächer:	Englisch, Latein, Wirtschaft
Voraussichtlicher Schulabschluß:	Sommer 1994 (Abitur)
Berufswunsch:	Bankkaufmann
Sprachkenntnisse:	Englisch, Französisch
Weiterbildung:	PC-Kurse I und II an der Volkshochschule Berlin-Steglitz
Hobbys:	PC, Sport (10-Kampf)
Ehrenamt:	seit 1990 Schatzmeister des Jugend-Sport-Vereins Steglitz

Berlin, 12.5.93

Peter Boch

2. Beispiel

Peter Boch
Maienburger Allee 123
1000 Berlin 10

Foto

Lebenslauf

Persönliche Daten:	geb. 11.11.1976 in Nürnberg evangelisch
Eltern:	Heiner Boch, Schlossermeister Renate Boch, geb. Angst, Hausfrau
Staatsangehörigkeit:	deutsch
Geschwister:	Reinhard Boch, 23 J., Medizinstudent Marion Boch, 10 J., Grundschülerin
Hobbys:	PC, Sport (10-Kampf), Numismatik
Ehrenamtliche Tätigkeit:	Helfer beim DRK, Schatzmeister im Jugend-Sportverein
Berufswunsch:	Bankkaufmann

Ausbildungsdaten

Schule:	Grundschule in Berlin, 1981-1987 seit September 1987 am Steglitzer Gymnasium in Berlin
Voraussichtlicher Schulabschluß.	Abitur im Sommer 1994
Praktikum:	in den Sommerferien 1992 vier Wochen bei der Sanitär-Großhandelsfirma Müller & Schock
Außerschulische Fortbildung:	PC-Kurse I und II an der Volkshochschule Berlin-Steglitz
Besondere Kenntnisse:	Informatik (Pascal), Fremdsprachen: Englisch, Französisch

Peter Boch

Berlin, 12.5.93

3. Beispiel

Peter Boch
Maienburger Allee 123
1000 Berlin 10

Foto

Lebenslauf

Am 11.11. 1976 wurde ich als Sohn des Schlossermeisters Heiner Boch und seiner Ehefrau Renate in Nürnberg geboren. Meine Mutter ist Hausfrau.

Mein Bruder ist sieben Jahre älter und studiert Medizin, meine Schwester ist fünf Jahre jünger als ich und besucht die Grundschule.

Noch vor meiner Einschulung zogen meine Eltern von Nürnberg nach Berlin. Nach dem Besuch der Grundschule (1981 – 1987) wechselte ich auf das Steglitzer Gymnasium. Hier sind meine leistungsstarken Fächer Englisch und Wirtschaft. Mit besonderem Engagement nehme ich an einer schulischen Informatik-AG teil. Auf der Volkshochschule besuchte ich zwei PC-Kurse.

Im Sommer 1994 werde ich mein Abitur machen. Mein Berufswunsch ist Bankkaufmann. Erste Erfahrungen mit der Arbeitswelt habe ich in den letzten Sommerferien bei einem vierwöchigen Praktikum in der Sanitär-Großhandelsfirma Müller & Schock gemacht.

In meiner Freizeit beschäftige ich mich gern mit meinem Computer oder treibe als Zehnkämpfer in einem Verein Sport. Hier bin auch vor zwei Jahren zum Schatzmeister gewählt worden.

Berlin, 12.5.93

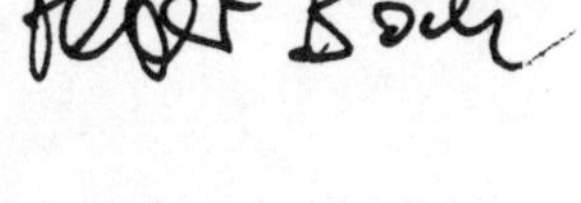

Form, Gliederung, Inhalt

Es gibt – wie gesehen – verschiedene Formen der Darstellung. Grob unterscheidet man tabellarische und ausformulierte Lebensläufe.

Worauf kommt es an? Die wichtigen Informationen und Argumente, die für Sie sprechen, müssen klar und übersichtlich geordnet sein. Man bevorzugt heute maschinengeschriebene tabellarische Lebensläufe (möglichst nicht länger als eine Seite). Dabei sind Sie in der graphischen Gestaltung relativ frei. Ausformulierte oder mit der Hand geschriebene Lebensläufe sind nur auf ausdrückliche Anforderung (maximal 1-2 Seiten) anzufertigen.

Was bei der Gestaltung des Lebenslaufes von Ihnen verlangt wird, ist – wie das gesamte Bewerbungsverfahren! – eine Arbeitsprobe und Anpassungsübung. Sie mögen noch so geeignet sein, mit einem fehlerhaften – nicht normgerechten – Bewerbungsanschreiben und einem schlampig gestalteten Lebenslauf werden Sie erst gar nicht zum Test oder Vorstellungsgespräch eingeladen.

In der Regel reicht der tabellarische Lebenslauf. Mit einem ausformulierten, eventuell sogar mit der Hand geschriebenen Text können Sie schon großes Erstaunen auslösen. Wenn Sie dies wollen und mit einer Seite auskommen, sind Sie vielleicht unter 100 Bewerbern der einzige. Das muß nicht von Nachteil sein. Durchgesetzt hat sich in jedem Fall die kürzere, prägnantere Form.

Folgendes Schema bewährte sich bei der tabellarischen Lebenslaufdarstellung und soll Ihnen zur Anregung bzw. zur Weiterentwicklung dienen:

Persönliche Daten
- Vor- und Zuname
- Anschrift/Telefon (muß nicht sein)
- Geburtsdatum und Ort
- Religionszugehörigkeit (muß nicht sein, es sei denn ...)
- Staatsangehörigkeit (aber eigentlich nur, wenn man/frau nicht aus diesem unseren Land ist)
- Eltern: Namen und Beruf
- Geschwister: Name, Alter, evtl. Beruf

Schulbildung
- besuchte Schulen (Typen)
- (angestrebter) Schulabschluß
- Leistungsfächer

- besuchte Kurse
- evtl. Auslandsaufenthalte, auch wiederholte lange Ferien im Ausland
- ggf. Praktika, Aushilfstätigkeiten, Neben- und Ferienjobs usw.

Besondere Kenntnisse
z.B. Fremdsprachen, EDV, Führer- und andere Scheine, aber: vorsichtig und überlegt, welches Bild man von sich abgibt

Weitere Informationen
Sonstiges, Hobbys (gern künstlerisch), ehrenamtliche und/oder soziale Aktivitäten, selbst Sport (wichtig) und sogar politisches Engagement (nur die richtige Richtung muß es natürlich sein) – will aber alles gut überlegt sein und sollte irgendwie zu Ihnen und Ihrer Bewerbung um den speziellen Ausbildungsplatz passen.

Ort, Datum, Unterschrift
bloß keine ehrenrührigen Erklärungen, Versicherungen etc.
Nicht zu vergessen: Ein gutes **Foto**, am besten oben rechts (Rückseite mit Namen versehen für den Fall der Fälle) gut festgeklebt, nicht geklammert oder gar geheftet (wie gehen Sie mit sich um?), runden den Lebenslauf so richtig ab.

Zu guter Letzt: Ihnen ist es sicherlich schon längst klar: So einen Lebenslauf kann man in der Regel nur ein einziges Mal für eine gezielte Bewerbung verwenden. Er muß, wenn er wirklich überzeugen soll, individuell auf den angebotenen Ausbildungsplatz zugeschnitten sein und entsprechend »frisch« wirken.

Also keine Kopie schicken – aber für sich selbst eine machen und gut aufheben, damit man im Einladungsfall weiß, was der Arbeitgeber von einem schwarz auf weiß in der Hand hält. Das Gedächnis kann doch recht trügerisch sein, darum sollte man sich auf einen Vorstellungstermin mit eben dieser Kopie des Lebenslaufes noch einmal gut vorbereiten.

∗ *Ich finde diesen Vorschlag mit der Fotokopie ganz ausgezeichnet, meine Herren, liebe Leser. Seit Jahren gebe ich eigentlich nichts mehr ohne Fotokopie aus der Hand. Ich habe ja vorhin schon mal Lenin zitiert: Vertrauen ist gut, Kontrolle ist besser.*

– Danke für das Kompliment, Herr Mühsam, aber Lenin ist megaout.

Beilagen

Fotos und andere wichtige Dinge

Wir sprachen eben schon davon: zu jedem guten Bewerbungsschreiben gehört unbedingt ein gutes Foto. Wer mit seinem Foto Sympathie mobilisieren kann, hat einfach die besseren Chancen. Die Macht der Bilder (hier Ihres Fotos) sollten Sie nicht unterschätzen, und so ist auch an dieser Stelle wieder einmal höchste Sorgfalt und noch etwas mehr (Engagement, Einfühlungsvermögen) angezeigt.

* *Ein Bild sagt mehr als tausend Worte ...*
* *Wie recht Sie haben, Herr Mühsam!*

Der Weg zum Fotografen lohnt sich, Automaten-Paßfotos sind zwar für ein Drittel des Preises zu haben, aber schließlich geht es ja um etwas.
Also keine alten Fotos, Urlaubsbilder oder Schnappschüsse bei der feuchtfröhlichen Familienfeier (letztes Jahr bei Oma ihren 70sten Geburtstag – war doch so schööön!) oder Fotos, auf denen Sie erklären müssen: »Das da hinten links bin ich, und das vorn ist ...«, sondern ein ansprechendes professionelles Foto (Format etwa 5,5 x 4 cm oder etwas größer, aber bitte kein Postkartenformat, Stichwort Bescheidenheit).

Wir empfehlen schwarzweiß, aber es darf auch ein Farbfoto sein. Nur eben gut gemacht – also nicht grellbunt mit unnatürlich roten Lippen, die nach ›ich weiß nicht was‹ aussehen, oder auf dem Sie den Eindruck eines Kleindarstellers aus der Gruselkomödie »Wenn Drakula kommt« machen. Schwarzweiß-Fotos wirken in der Regel dezenter, seriöser – aber das sollten Sie mit Ihren Lieben besprechen.

Richtig verkleiden müssen Sie sich zum Fototermin natürlich auch noch. Dennoch bitte nicht vergessen: Sie bewerben sich weder beim Theater noch beim Film, oder?

Überhaupt: Es sollte Ihr Tag (lucky day) sein, wenn Sie sich zu dem Besuch eines guten Fotografen entschließen. Dezent geschminkt (die jungen Damen), die berufsangemessene (Ver)Kleidung (angehende MTA und Elektroingenieure bitte nicht im weißen Kittel), Haare, Frisur, rasiert und überhaupt alles gepflegt, gut gelaunt und dies auch noch ausstrahlend –

also nicht, daß man Ihnen ansehen kann, Sie haben soeben einen Laufpaß von Ihrer großen Liebe erhalten.

Lassen Sie sich gleich (das ist eigentlich auch üblich) mehrere Male fotografieren, und legen Sie die Bilder einigen Freunden und Bekannten vor. Sie werden feststellen: es kristalisiert sich im Laufe der Befragung doch ein Foto heraus (da machen Sie eben so ein Gesicht, so einen Eindruck, als ob ...), das bevorzugen die Leute, also diesem Bewerber würden sie eher den Ausbildungsplatz geben, etwas zutrauen ... Na und das ist es eben, was Sie ja wollen. Mit diesem Foto werden Sie die Herzen der Ausbildungsleiter und die Tür zum Test/Vorstellungespräch öffnen.

Nun noch das gute Foto (mit Ihrem Namen auf der Rückseite versehen) richtig auf den Lebenslauf positionieren (siehe oben), festgekleben und ab geht die Post.

Zur Handschriftenprobe

Sollte in der Ausbildungsplatzanzeige ein handgeschriebener Lebenslauf oder eine Schriftprobe verlangt werden, können Sie damit rechnen, daß sich ein (Möchtegern-)Graphologe mit Ihrer angeblich aus der Handschrift herauslesbaren Persönlichkeitsstruktur beschäftigt. Ob Sie dabei etwas zu gewinnen oder zu befürchten haben, vermögen wir hier von dieser Stelle aus nicht vorherzusagen.

Wir empfehlen Ihnen aber für den Fall, daß etwas Handschriftliches von Ihnen gewünscht wird, die Gelegenheit zu nutzen und auf einer Extraseite mit einigen gut formulierten und plazierten Sätzen Ihrer Bewerbung und Ihren Qualitäten noch einmal Ausdruck zu verleihen. Dieses handgeschriebene Extrablatt fügen Sie dem Lebenslauf bei. Schreiben Sie aber nicht irgendwas aus der Zeitung ab, oder versuchen Sie sich nicht als Lebenslauf-Romanschriftsteller, sondern nutzen Sie die zusätzlichen Zeilen für eine wiederholte Werbebotschaft in eigener Sache.

Den Lebenslauf in handschriftlicher Form anzufertigen ist selbstquälerisch und wird – ob tabellarisch oder ausformuliert -den inhaltlichen Anforderungen schlecht gerecht. Außerdem kann es leicht Platzprobleme (Überlänge) geben.

Zum Versand

Sie haben nun endlich alle Unterlagen für Ihre Bewerbung komplett fertiggestellt und zusammengetragen. Diese gehören bis auf das Bewerbungsanschreiben am besten in einen schmalen Plastik-Schnellhefter mit Klarsichtdeckel eingeheftet. Dabei ist es nicht notwendig, jedes einzelne Blatt nochmals in eine Klarsichthülle zu tun (das könnte Ihnen als etwas zu zwanghaft ausgelegt werden, ist aber andererseits auch kein wirklicher Fehler).

Wichtig: das Anschreiben gehört nicht in den Hefter, sondern lose oben draufgelegt. Nun packen Sie – nachdem Sie sich der Vollständigkeit nochmals vergewissert und von allen abzuschickenden Papieren Kopien gemacht haben – das ganze in einen passenden festen DIN-A4-Umschlag (ggf. Übergröße), am besten mit verstärktem Papprücken.

Das Anschriftenfeld, Ihr Absender und zu guter Letzt die Briefmarken (achten Sie auf ausreichende Frankierung!) müssen mit der gleichen Sorgfalt behandelt werden wie Ihre Unterlagen. Also hier keine kreativen Experimente (z.B. Briefmarke auf dem Kopf stehend, rotfarbende Umschlagbeschriftung, »Atomstrom – nein danke«, Greenpeace-Aufkleber etc.).

Wählen Sie keine Post-Sonderzustellung (Eilzustellung, Einschreiben etc.). Damit erzielen Sie mit Sicherheit keinen positiven Eindruck. Sollten Sie dagegen die Möglichkeit haben, Ihre Bewerbungsunterlagen persönlich abgeben zu können, wäre dies eine interessante Chance zu einem kleinen (small) Talk. Vielleicht gelingt es Ihnen, einen positiv bleibenden Eindruck zu machen, so daß man Ihre Unterlagen mit besonderem Interesse durchsieht ... Ein freundliches Gespräch mit der Sekretärin kann Wunder wirken.

Telefonieren

Richtig verbunden – Bewerbungshilfe Telefon

Drei Situationen können Anlaß geben, das Telefon in der Bewerbungssituation gezielt einzusetzen:

1. Informationsnachfrage: Sie haben ein interessantes Ausbildungsplatzangebot gelesen und wollen mehr Informationen. Manchmal wird in der Anzeige sogar telefonische Erstinformations- und Auskunftsbereitschaft signalisiert.
2. Bedarfsklärung: Sie versuchen telefonisch vorab zu klären, ob Ihre schriftliche Bewerbung um einen Ausbildungsplatz Aussicht auf Erfolg hat.
3. Nachfaßaktion: Sie haben sich bereits schriftlich beworben, aber nach etwa zwei Wochen immer noch nichts gehört und fragen nun telefonisch nach.

Generell gilt auch hier: Sich unvorbereitet in eine telefonische Bewerbungssituation zu begeben, wäre sehr leichtsinnig. Sie müssen wissen, was Sie wollen, was Ziel Ihres Anrufes ist und sich überlegen, wie Sie das am besten erreichen.

Zur Vorbereitung gehören u.a. auch: der richtige Ort zum Telefonieren (Ungestörtheit!), der günstige Zeitpunkt (z.B. nicht Freitagnachmittag), der kompetente Gesprächspartner, die angemessene Vorbereitung schriftlicher Unterlagen, die Möglichkeit, sich Notizen zu machen.

Berücksichtigen Sie, daß Sie sich bei Ihrem Telefonanruf ebenfalls in einer Vorstellungs- (bzw. Prüfungs-)situation befinden: Man gewinnt bereits hier einen ersten Eindruck von Ihnen, macht sich ein Bild und hält dies gar nicht selten sogar schriftlich fest.

1. Informationsnachfrage

Sollten Sie ohne diese auskommen, ist das kein Minuspunkt. Rufen Sie aber an, um mehr oder minder nur zu erfragen, wann Sie zum ersten Mal Urlaub machen können oder wie die Pausenregelung aussieht, erzeugen Sie einen denkbar schlechten Eindruck.

2. Bedarfsklärung

Dieser Anruf ist besonders schwer und muß deshalb außerordentlich gut vorbereitet werden. Auch hier gilt die AIDA-Formel (s. S. 52). Wichtig: Sie müssen einen kompetenten Gesprächspartner ans Telefon bekommen und versuchen, einen Kontakt aufzubauen, eine gute Gesprächsbeziehung herzustellen.

Mit »Guten Tag, mein Name ist Jürgen Schmidt, ich möchte mich bei Ihnen als Bankazubi bewerben«, ist kaum ein Blumentopf zu gewinnen. Sollten Sie dagegen versuchen, zunächst über das aktuelle Wetter und den bevorstehenden Urlaub zu sprechen, um sich dann dem Thema Ihrer Bewerbungschancen zu nähern, erscheint uns das genauso wenig erfolgversprechend.

Vielleicht hilft der folgende Gesprächsanfang:
(nachdem Sie mit dem Personalchef, seiner Sekretärin oder vielleicht auch dem Ausbildungsleiter richtig verbunden wurden)

Personalchef: »Weber ...

Schmidt: »Guten Tag Herr Weber, mein Name ist Jürgen Schmidt. Ich bitte um Verständnis, wenn ich mich direkt an Sie wende. Haben Sie einen kurzen Augenblick Zeit?«

Weber: *(etwas ungeduldig)* »Worum geht es denn?«

»Nun Herr Weber, es geht darum, daß ich mich bei Ihnen gern als ... bewerben möchte. Sehen Sie da eine Chance? Ich habe ... / ich bin ...« (Werbeargumente in eigener Sache).

3. Nachfaßaktion

Sie haben zwei Wochen nach Versand Ihrer Bewerbungsunterlagen noch immer keine Reaktion. Jetzt wird es Zeit, angemessen höflich, jedoch keinesfalls vorwurfsvoll nachzufragen. Manche Firmen und Institutionen legen sogar auf eine derartige Nachfrage Wert und interpretieren das Ausbleiben eines solchen Anrufes als mangelndes Interesse.

Noch einmal generell die Empfehlung: den Anruf gut vorbereiten (eventuell im Rollenspiel vorher üben) und mit freundlicher, klarer, deutlicher Stimme mutig in ungestörter Umgebung zum Hörer greifen. Mit Geduld, Ausdauer und Gelassenheit werden Sie auch diese Situation meistern, und jedes Telefonat übt.

Übrigens: Sollten Sie auf die Idee kommen, ein Telefax zu schicken, erzielen Sie damit bestimmt Aufmerksamkeit – ob dies aber zum gewünschten Ziel führt, zum Wunsch des Ausbildungsplatzvergebers, Sie wirklich persönlich kennenzulernen oder wenigstens Ihre ausführlichen Bewerbungsunterlagen anzufordern, ist eher skeptisch zu beurteilen. Sicherlich ist auch hier die Branche, in der Sie Fuß fassen wollen, ein entscheidender Faktor. Im Medien- und Werbereich könnte ein außergewöhnliches Vorgehen (Video!) positive Beachtung finden.

Tests

Was Sie schon immer über Tests wissen wollten ...

Egal ob Studien- oder Ausbildungsplatz – als Bewerber werden Sie heutzutage getestet. Für Studienplatzbewerber trifft das z.Z. nur bei Tier-, Zahn- und Humanmedizin zu ...

∗ *Das ist ja eine nette Reihenfolge, meine Herren!*

∗ *Aber Frau Voss, wer die Menschen kennt, liebt die Tiere!*

... aber was nicht ist, kann ja noch werden, und so gibt es ernst zu nehmende Pläne, den sog. Hochschulzulassungstest von den medizinischen Fächern auf andere NC-Studiengänge zu übertragen.

Wenn Sie als Abiturient einen der begehrten Ausbildungsplätze in Industrie, bei Banken, Versicherung, Handel oder im Öffentlichen Dienst anstreben, werden Sie in der Regel mit Testauswahlverfahren konfrontiert.

∗ *Jetzt haben Sie aber Glück im Unglück, liebe Leser. Denn die Autoren dieses Buches sind die kompetentesten auf dem Gebiet des Testknackens.*

Was kann auf Sie zukommen? Ihre angebliche »Eignung« wird auf Teufel komm raus getestet. Intelligenz-, Leistungs-Konzentrations-, Persönlichkeits-Tests und Assessment-Center gilt es dabei ohne psychischen Schaden zu überstehen.

Zunächst aber einmal Glückwunsch, denn Sie sind – wenn Sie zum Test eingeladen werden – eine Runde weiter. Und damit auch dem Vorstellungsgespräch, der nächsten Hürde, einen deutlichen Schritt näher. Ihre Bewerbungsunterlagen haben also Anklang gefunden.

Jedoch: Ob *Deutsche Bank, Daimler-Benz, Auswärtiges Amt, Öffentlicher Dienst, BND, Hamburg-Mannheimer, Henkel, Lufthansa, Siemens, Westdeutsche Landesbank* – vor den Erfolg haben die Ausbildungsgötter den Testschweiß gesetzt.

Hier ein kleines Geschmacksbeispiel:

Mit den Wochentagen kennen Sie sich aus, aber mit Testaufgaben wie diesen?

> Welcher Tag war vorgestern, wenn der Tag nach übermorgen zwei Tage vor Samstag liegt?

Vielleicht wissen Sie ja, wer Ignatius von Loyola war und was das Gemeinsame von Nashorn und Gänseblümchen ist?

Oder wie steht es bei Ihnen mit logischem Denken und Abstraktionsvermögen? Die Realität ist außer Kraft gesetzt:

Alle Bleistifte sind Würmer. Würmer können fliegen. Also …
Alle Bleistifte können fliegen. Richtig oder falsch?
Alle Würmer können schreiben. Richtig oder falsch?

Besser noch:

Jedes Quadrat ist rund, aber alle Quadrate sind rot. Hinzu kommt: Manche Ecken sind auch rot.

Welche der folgenden Aussagen ist formal-logisch richtig?

a) Es gibt Quadrate mit roten Ecken.
b) Es gibt Quadrate mit runden Ecken.
c) Es gibt runde rote Ecken.
d) Ecken in Quadraten sind rund und rot.
e) Rote Quadrate haben runde Ecken.
f) Runde Quadrate sind rot.

Verzweifeln Sie nicht, auch das Lösen solcher Testaufgaben kann geübt werden (Lösungen der Geschmacksbeispiele: Samstag; Begründer des Jesuitenordens; Lebewesen; richtig, Bleistifte können fliegen; falsch, Würmer können nicht schreiben; Quadrate a-e falsch, f richtig).

Angenommen, Sie bewerben sich für eine Ausbildung zum Bankkaufmann. Wie würden Sie auf folgende Fragen antworten:

Welcher Beruf würde Sie bei gleichem Gehalt mehr interessieren:

a) Bischof
b) Oberst
c) etwas dazwischen

Ich würde mein Leben, wenn ich es noch einmal zu leben hätte …

a) ganz anders planen
b) weiß nicht
c) mir genauso wünschen

Ich kenne bei mir ein starkes Verlangen nach aufregenden und spannenden Erlebnissen.

a) stimmt
b) teils-teils
c) stimmt nicht

Mit solchen und ähnlichen Fragen versucht man neuerdings, die Bewerberpersönlichkeit zu durchleuchten. (Hier gibt es keine richtigen oder falschen Lösungen, aber als angehender Bankkaufmann sollten Sie besser nicht den Bischof ankreuzen –, zu sozial … und sollten Sie sich auch bei den beiden weiteren Statements für a entschieden haben, ist das leider alles andere als ideal. Sie werden in dieser Branche bestimmt kein Bein auf den Boden bekommen, wenn Sie sich als lebenslustiger Abenteurer darstellen.

Sollten Sie also in Erfahrung bringen, daß ein psychologischer Eignungstest auf Sie zukommt, erfordert dies unbedingt eine sorgfältige Vorbereitung, wenn Sie Ihre Chancen wahren wollen. Aufgrund der umfangreichen Materie kann das Thema Tests in diesem Buch nicht wirklich erschöpfend behandelt werden (zur weiteren Vorbereitung s.a. Literaturhinweise S. 155).

Aber dennoch kurz einige Beispiele aus den wichtigsten Testbereichen:

Intelligenz-, Logik- und Wissens-Tests

Das geht bei Allgemeinwissensfragen los …

1. Wie lang ist ein 10-DM-Schein? … cm

2. Was ist das wichtigste am Fernseher?
   (Nur eine Lösung – a,b,c oder d – ist richtig)
   a) Bildröhre b) Antenne c) Kontrastregler d) Abstellknopf

3. Beim Autofahren benötigt man vor allem …
   a) Geschick b) Ausdauer c) Vorsicht d) Aufmerksamkeit

4. Wenn man mit Menschen umgeht, sollte man … sein.
   a) aufgeschlossen b) vorsichtig c) gewandt d) zurückhaltend

5. Gibt es in der Antarktis Eisbären? a) ja b) nein

6. Wer war Ruggiero Leoncavallo?
   a) ein italienischer Baumeister
   b) ein italienischer Politiker
   c) ein italienischer Opernkomponist
   d) ein italienischer Astronom

7. Wer war Ferdinand Lassalle?
   a) bedeutender französicher Arzt
   b) Erfinder eines italienischen Nudelgerichtes
   c) Entdecker der großen Antillen
   d) Gründer des Allgemeinen deutschen Arbeitervereins (ADAV)

8. Wer schrieb die »Göttliche Komödie«?
   a) Brecht
   b) Goethe
   c) Dante
   d) Schiller

... und geht mit Rechtschreibungs- und Rechentestaufgaben weiter:

9. Welche Schreibweise ist jeweils die einzig richtige?
   a) infolge dessen
   b) in Folge dessen
   c) in Folgedessen
   d) infolgedessen

10. a) Marockaner essen Makkaroni
    b) Marockaner essen Mackaroni
    c) Marokkaner essen Makkaroni
    d) Marrokkaner essen Makaroni

11. a) rododendronfarbiges Joggurt
    b) rhododendronfarbiges Joghurt
    c) rododhendronfarbiges Yoghurd
    d) rhododendronfarbiges Jogurt

12. Ein Seil von 133 m Länge soll so zerschnitten werden, daß das eine Stück zwei Fünftel der Länge des anderen beträgt. Wie lang ist das kurze Stück?

13. In einer Familie hat jeder Sohn dieselbe Anzahl von Schwestern wie Brüder. Jede Tochter aber hat zweimal so viele Brüder wie Schwestern. Wie viele Töchter hat die Familie?

Logik-Tests bestehen vor allem aus graphischen, sprachlichen und Zahlen-Aufgaben.

14. Welches Bild aus der Lösungsmenge rechts (a – i) paßt als einziges logisch sinnvoll in das freie, weiße neunte Feld (unten rechts)?

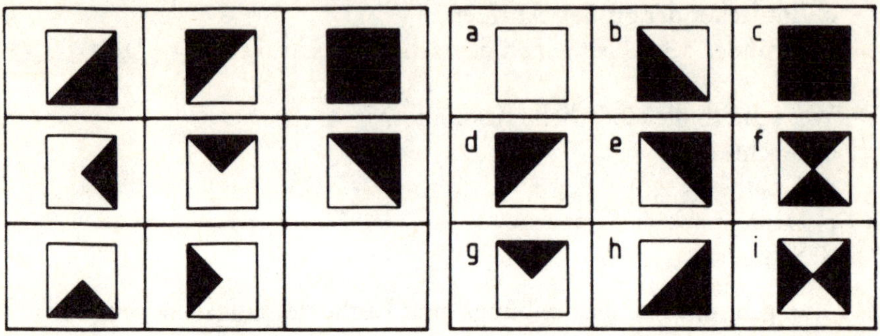

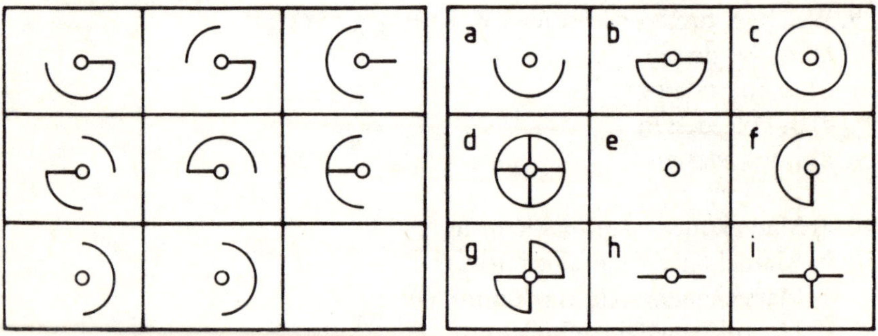

Wie lautet das fehlende Wort bei den folgenden Wortgleichungen?

15. Muster verhält sich zu Entwurf wie Maschine zu ...?...
    a) Antrieb b) kaputt c) Räder d) Arbeit e) Konstruktion

16. Leder verhält sich zu Eisen wie zäh zu ...?...
    a) flexibel b) schwer c) hart d) haltbar e) biegsam

17. Kanal verhält sich zu Fluß wie Park zu ...?...
    a) Anlage b) Bäume c) Sträuche d) Landschaft e) Rasen

18. Die folgenden Zahlenreihen sind nach bestimmten Regeln aufgebaut. Wie lautet die nächste Zahl in der Reihe?
    a) 81 9 18 2 11 ?
    b) 2 5 11 23 47 ?
    c) 18 20 10 14 6 12 6 14 ?

Aber auch Aufgaben wie diese sind zu lösen:

19. Wenn es um die Wurst geht, ist Rambo nicht der schnellste Hund. Waldi und Bonzo sind gleich schnell. Ringo ist schneller als Bonzo, aber doch langsamer als Fiffi. Ricky ist langsamer als Waldi, aber bedeutend schneller als Hektor. Rambo ist schneller als Ricky und Hektor ist ein guter Futterverwerter. Welcher Hund kriegt die Wurst (am schnellsten)?

    Keiner, oder: Waldi – Fiffi – Rambo – Bonzo – Hektor – Ringo – Rex (wer ist denn das?)

Jetzt geht es um logisches Denken und Abstraktionsvermögen – die Realität ist außer Kraft gesetzt. Welche Aussage (a–d) ist logisch richtig?

20. Nur schlechte Menschen betrügen oder stehlen.
    Elfriede ist gut.
    Also was stimmt?
    a) Elfriede ist ein guter Mensch
    b) Elfriede betrügt und stiehlt nicht
    c) Elfriede ist nicht schlecht
    d) gute Menschen wie Elfriede betrügen oder stehlen nicht

21. Im Winter heizen Telefone nur dienstags.
    Jeden Dienstag fällt Schnee.
    Was stimmt?
    a) wenn Schnee fällt, heizen Telefone
    b) jeden Dienstag im Winter heizen Telefone
    c) Telefone heizen immer dienstags
    d) dienstags im Winter fällt Schnee
    e) wenn im Winter dienstags Schnee fällt, heizen Telefone

Konzentrations-Leistungs-Tests

Sehr häufig werden Tests eingesetzt, von denen sich die Anwender versprechen, etwas über Ihr allgemeines Konzentrations- und Leistungsvermögen zu erfahren. Ob das in der Streßsituation eines Einstellungstests überhaupt möglich ist, kann bezweifelt werden. Zwei Beispiele für Aufgabentypen aus diesem Bereich:

1. Buchstaben durchstreichen

In den Buchstabenreihen müssen alle d, die zwei Striche haben, durchgestrichen werden. Dabei geht es um folgende d:

```
“ ’
d d d
  ’ “
```

d's die mehr oder weniger als zwei Striche haben (oben/unten), dürfen nicht durchgestrichen werden, ebensowenig wie alle b's und q's.

Ein kleiner Ausschnitt – Sie haben 3 Min. Bearbeitungszeit:

```
“   “     “         ’   ’     ’ “   ’     ’   “   ’   ’   “   ’
d d d d d d d d q d b q d d d d d d d b q d b q d d d d d d d d d
’ “   ’     “   ’ ’   ’   ’   ’   ’   ’       ’   ’   ’ ’ ’ ’ “ “

“ ’ ’ “ ’ ’   “   ’ ’   ’ “ “ “ ’   ’ ’   ’ “ “ ’   ’   ’   “ “
d b d d d d d q d q d q d d d d d b b d b d b q d b q d b d d b q
’ ’ ’   ’   ’ “ ’   ’     ’   ’ ’   ’   ’   “   ’   ’   ’ ’   ’ ’

“ “ ’ ’ “   ’ ’   ’   ’   ’ ’ “ “ ’   ’ “ ’ “   ’ ’ “   “   “   ’
d b d b d d d q q d d d d d b d d d d d d d d d b d b d b d q q q
’ “       “ ’   ’   “   ’         ’ ’ ’ ’ ’   ’ ’ ’ ’   ’ ’ ’ ’ “

’ “ ’ ’ ’ “ ’ “   ’   ’   ’   ’   “   ’ ’   ’   ’ “ ’   ’   “   ’
d b d b d b d b d b d q d q d q b d b d d d d b d b d b d b q d d
“ ’ “   ’   ’   ’   ’   ’   ’   ’     ’ ’ “ ’ “ ’ ’   “   “   ’ ’

’ ’ “ ’ “   ’   “   ’   “   ’   “   “   ’ “   ’   “   ’ “     ’ “
d b d b d b d b d b d b d b d b b d d d b d b d b d b d b d q d b
’ ’ “ ’     ’       ’       ’     ’   ’ ’ ’ ’ ’ ’   ’   “ “ ’ ’ ’

’ “ ’ “ ’ “ ’ “ ’ “ ’ “ ’ “ ’ “ ’ “ ’ “ ’ “ ’   “ ’ “   ’ “   ’ “
d q d q d q d q d b d q d q d q d b d q d q d q d d d d b d q d q
’ “ ’ “ ’   ’   ’   ’   ’   ’   ’   ’   ’   ’   ’ ’ “ “ ’   “   ’

’ ’ “   ’   ’   ’ ’ “ “ “   ’   “   ’ ’ “   “ ’ ’ ’ ’ ’ ’ ’ ’ ’ ’
d b q d b q d q d q d q b b b d b d b d b d b d b d b d b d b d b
’ ’ ’ ’ ’ ’ ’ ’ ’         ’   ’   ’   ’   ’   ’   ’   “ “ “ “ ’ ’

’ ’   ’   ’ “ “   “   “   ’   “   ’   “   ’   “   ’   “   ’ “ ’ ’
d b d b q d q d q d q d q d q b d d d d d b d d d d d d d d b q d
“   “           “   “   “   “   “   “   “   “   “   “   “   “ “ “
```

2. Konzentrations-Leistungs-Test

Die nachstehenden Aufgaben sind nach folgendem Muster zu lösen: Die obere Zeile wird zuerst ausgerechnet. Das Ergebnis darf nicht aufgeschrieben, sondern muß »im Kopf behalten« werden. Nun ist die untere Zeile auszurechnen und auch dieses Ergebnis ist zu merken. Jetzt gilt folgende Regel: Stets ist die kleinere Zahl von der größeren abzuziehen und nur dieses Ergebnis ist aufzuschreiben. Es dürfen keine Nebenrechnungen notiert werden. Beispiel:

2 + 8 – 7
4 + 5 – 2   Ergebnis: 4

Obere Zeile: Ergebnis: 3
Untere Zeile: Ergebnis: 7

7 – 3 = 4   Nur die 4 darf als Lösung hingeschrieben werden.

Für die folgenden 10 Aufgaben haben Sie 2 Min. Zeit. In der Testrealität erwarten Sie weit über 200 Aufgaben mit etwa 30 – 45 Minuten Bearbeitungszeit.

A	4 + 5 + 2 8 – 6 + 9	B	8 – 3 + 7 9 – 5 + 3
C	2 + 6 + 7 5 – 3 + 7	D	8 + 4 – 9 3 + 8 – 5
E	2 + 8 – 7 6 – 5 + 9	F	8 – 6 + 5 4 + 9 – 7
G	4 + 8 + 6 7 – 9 + 8	H	9 – 5 + 7 4 + 3 + 6
I	4 – 3 + 6 5 + 7 – 3	J	5 – 2 + 9 4 + 8 + 6

Nach dieser Rechenoperation fangen Sie mit folgender Variante von vorne an: Ist das Ergebnis der oberen Zeile größer als das Ergebnis der unteren Zeile, müssen Sie jetzt die untere Zeile von der oberen abziehen (wie gehabt). Ist das Ergebnis der oberen Zeile kleiner als das Ergebnis der unteren Zeile, müssen Sie es dazuzählen.

Persönlichkeits-Tests

Bei den folgenden Aufgaben geht es nicht mehr um richtig oder falsch. Hier ist lediglich Ihre persönliche Meinung bzw. Einstellung gefragt. Bitte kreuzen Sie das für Sie Zutreffende an, ohne lange nachzudenken:

1. Es ist drei Uhr morgens. Das Telefon klingelt. Der Anrufer hat einen wildfremden Menschen aus dem Bett geklingelt und stellt fest: »Entschuldigen Sie bitte, die Fernsprechauskunft hat mir die falsche Telefonnummer gegeben.« Welche der folgenden Antwortmöglichkeiten ist Ihrer Meinung nach angemessen – aus der Sicht des aus dem Schlaf Geklingelten:
   a) Das ist eine Unverschämtheit, mich um diese Zeit zu wecken!
   b) Ist nicht so schlimm, ich habe noch nicht so fest geschlafen.
   c) Das ist wirklich Pech, aber sowas kann schon mal passieren.

2. Mein Arbeitszimmer möchte ich mit niemandem teilen.
   a) stimmt
   b) teils-teils
   c) stimmt nicht

3. Mich bei einer Party unter die Leute zu mischen, fällt mir …
   a) schwer
   b) teils-teils
   c) leicht

4. Ein gutes Buch würde ich einer lockeren Unterhaltung vorziehen.
   a) stimmt
   b) teils-teils
   c) stimmt nicht

5. Bitte ergänzen Sie spontan und kurz die folgenden Sätze:

   a) Hans ist immer ....

   b) Manuela mag es, wenn ....

   c) Petra fürchtet sich besonders ....

   d) Schule ist ....

e) Am meisten ärgert es mich ....

f) Mein größter Wunsch ....

Assessment Center-Tests

Ein Bewerber berichtet:

Mit dem Flugzeug waren wir nach Südafrika unterwegs, als plötzlich ein Defekt an beiden Triebwerken auftrat und den Piloten zu einer Notlandung mitten in der Wüste zwang. So weit das Auge reichte, nichts als Sand . . .

Bei der Bruchlandung brannte die Pilotenkanzel völlig aus, Pilot und Co-Pilot kamen ums Leben. Die überlebenden Passagiere – meine sieben Mitbewerber und ich um einen Ausbildungsplatz als Bankkaufleute – mußten sich nun gemeinsam überlegen, was zu tun sei. Uns war zum Glück bei dieser Bruchlandung gesundheitlich nichts Schlimmes passiert – außer daß wir uns jetzt mitten in einem Assessment Center befanden.

Aus dem Flugzeugwrack konnten wir noch eine Reihe von Gegenständen bergen und bekamen – nun als Bewerbergruppe – die Aufgabe, uns zu überlegen, welcher Gegenstand zum Überleben wohl der wichtigste sei, aber auch, welcher der unwichtigste; alle Utensilien hatte jeder für sich zunächst einmal in eine Rangfolge zu bringen. Da gab es

- mehrere Taschenlampen mit Batterien
- ausreichend Wolldecken für jeden Passagier
- eine Pistole
- einen Verbandskasten
- eine ausreichende Anzahl von Regenmänteln
- einen rot-weißen Fallschirm
- ein Taschenmesser mit Springklinge
- 20 Meter Nylonseil
- 2 Kanister mit 20 l Wasser
- ein Kompaß

Nachdem jeder für sich eine Rangfolge erstellt hatte, sollten wir unsere Ergebnisse mit den anderen Mitbewerbern diskutieren und in der Gruppe zu einem gemeinsamen Ergebnis kommen.

Die ganze Zeit über wurden wir von vier Mitarbeitern der Personalabteilung beobachtet, die sich überaus fleißig Notizen machten.

Eine derartige Aufgabe bezeichnet man als Assessment Center (abgekürzt AC) – ein zunehmend in Mode gekommenes Test-Verfahren zur Einschätzung und Beurteilung (engl. assessment) von Bewerbern.

Dieses Testverfahren wurde ursprünglich von deutschen Wehrmachtspsychologen entwickelt und in den 30er Jahren zur Auslese des Offiziernachwuchses insbesondere auch von Piloten, Funkern und Kraftfahrern eingesetzt.

Ein AC, so könnte man sagen, ist eine Reihe von Eignungs- und Persönlichkeits-Tests, eine Kombination verschiedener Verhaltens- und Arbeitsproben. Die Durchführungszeit: Stunden bis Tage.

Die einzelnen AC-Aufgabentypen lassen sich wie folgt beschreiben:

- Jeder für sich allein
- Jeder gegen jeden
- Einer gegen den anderen
- Einer vor allen anderen

Jeder für sich allein

Zu diesem Aufgabentyp gehören sogenannte Postkorb-Übungen, bei denen man unter Zeitdruck den Posteingang durchzusehen hat und Entscheidungen treffen soll, was wirklich wichtig ist und sofort erledigt werden muß, was warten kann und was sich deligieren läßt. Testziel ist die Überprüfung des allgemeinen Organisationsvermögens.

Jeder gegen jeden

In einer Art führerlosen Gruppendiskussion (vgl. S. 120) hat jeder seinen eigenen Standpunkt und seine berechtigten Forderungen zu vertreten. Dabei soll ein gemeinsames, von allen getragenes Ergebnis erarbeitet werden. Hier kommt es auf Kompromiß- und Kooperationsbereitschaft, aber auch auf Durchsetzungsvermögen an.

Einer gegen den anderen

Ein Rollenspiel wird durchgeführt, z.B. mit der Aufgabe, jemandem etwas zu verkaufen. In der Regel müssen die Diskutierenden einen Kompromiß finden und dabei Diplomatie, Sprachgewandtheit und Entscheidungskraft unter Beweis stellen.

Einer vor allen anderen

Dabei geht es um einen Kurz-Vortrag und eine Art Präsentationsübung. Man hat sich auf ein Thema vorzubereiten und das verehrte Publikum – Beurteiler und Mitbewerber – gut zu unterhalten. Natürlich kommt es auf Rhetorik, Überzeugungskraft und Darstellungskunst an.

Zu den am häufigsten eingesetzten Aufgaben gehören – wie oben kurz beschrieben – sogenannte Postkorb-Übungen (typische Aufgabenstellungen aus dem zukünftigen Berufsalltag) oder auch gerade für Azubi-Bewerber die fast schon klassische »Verfrühte-Urlaubs-Rückkehr-Aufgabe«. Dazu der folgende Bewerberbericht:

Wir bekamen zunächst eine drei DIN-A4-Seiten lange Geschichte, die wir uns durchzulesen hatten:

Darin wird geschildert, wie ein Jugendlicher aus dem Urlaub zurückkehrt und sein Elternhaus aufgrund eines Notfalls in der Familie verlassen vorfindet. Er hat nur eine bestimmte Geldsumme zur Verfügung und sieht sich, daheim angekommen, recht chaotischen Zuständen gegenüber, z.B.: Sein Bett ist nicht bezogen; der volle Mülleimer stinkt; die Spülmaschine ist mit schmutzigem Geschirr gefüllt; eine Lampe ist kaputt; ein Wasserhahn tropft; eine Rechnung muß unbedingt bezahlt werden; vor dem Kellereingang steht eine Kiste mit Getränken, aber im Kühlschrank sind keine Eßwaren.

Da der Jugendliche erst am Abend nach Hause gekommen ist, kann er jetzt auch nichts mehr einkaufen. In einer Stunde beginnt im Fernsehen ein Film, den er unbedingt sehen möchte. Aus den Radionachrichten erfährt er, daß seine mitgebrachte restliche Urlaubsbarschaft (ausländische Währung) abgewertet werden soll. Ihm kommen Gedanken, den nicht unerheblichen ausländischen Restbetrag noch sofort umtauschen zu gehen. Für die Eltern hat er einen geräucherten Aal mitgebracht, der eigentlich in den Kühlschrank gehört und die Hauskatze scheint noch kein Futter bekommen zu haben. Da ruft ein Freund an und lädt sich selber zum späteren Abend ein. Er verspricht, eine Pizza mitzubringen.

Zu dieser Situation hatten wir einen Aufsatz in Ich-Form zu schreiben, in dem wir uns in die Lage des Jungen hineinversetzen und schildern sollten, was wir wann und wie (Reihenfolge!) erledigen würden. Es käme – so sagte man uns – auch auf Stil, Rechtschreibung, Grammatik und »Sauberkeit« der schriftlichen Ausführung an. Natürlich sollte man auch sein Organisationstalent mit diesem Aufsatz unter Beweis stellen.

Unsere Bearbeitungszeit inklusive des Durchlesens der drei Seiten langen Geschichte betrug nur 40 Minuten. Man mußte also ganz schön schnell arbeiten.

Diese Assessment Center-Übung in Form eines Aufsatzes wird gern bei Banken und Versicherungen eingesetzt.

Ein weiteres typisches Element eines AC ist die Gruppendiskussion (vgl. S. 120). Einer Gruppe von Bewerbern wird unter den Augen von Beobachtern ein Problem vorgegeben, das es zu diskutieren und als Gruppenleistung zu lösen gilt. Beliebt sind Katastrophenthemen – ob es der schon genannte Flugzeugabsturz ist oder die Rettung nur einer überlebenden Person aus größter Not auf Kosten der übrigen. Eine weitere Aufgabenvariante, bei der es um die Durchsetzung der eigenen Interessen geht, schildert uns der folgende Bewerberbericht:

Ich habe mich um einen Ausbildungsplatz als Reiseverkehrskaufmann beim *Deutschen Reisebüro (DER)* beworben. Wir waren zu sechst und wurden an einen Tisch gesetzt. Jeder erhielt einen Hefter, in dem er folgende Situation beschrieben fand:

Wir sechs sind die Belegschaft eines Reisebüros und hatten den Dienstplan für die Weihnachtszeit zu erstellen. Jeder hatte in seinem Hefter eine ganz persönliche Ausgangs- und Argumentationsposition beschrieben bekommen.

Ich z.B. war nach der »Regieanweisung« ein 19 Jahre junger lediger Mann, der über Weihnachten seine Eltern besuchen wollte, die allerdings über 300 km weit weg wohnten. Eine andere Bewerberin mußte die Rolle einer Frau übernehmen, die schon einen festen Urlaub gebucht hatte; eine weitere Teilnehmerin spielte eine Frau, die ihrem Kind versprochen hatte, über Weihnachten zuhause zu sein, und eine andere sollte ihren Mann pflegen, der mit gebrochenem Bein im Bett lag. Eine Frau war schon vor der Weihnachtszeit oft für Kollegen eingesprungen und hatte so ein Anrecht auf ihren Weihnachtsurlaub. Der sechste im Bunde war ein Mann, der aufgrund körperlicher Erschöpfung ebenfalls dringend einen Erholungsurlaub brauchte – alles Rollen, die uns wie beschrieben vorgegeben waren.

Es war nun an uns sechs, aus dieser Situation einen Ausweg zu finden und einen Dienstplan zu erstellen. Während dieses Rollenspiels wurden wir von zwei Männern und einer Frau beobachtet. Das ganze dauerte etwa eine halbe Stunde, und ich denke, man hat hier vor allem unser Verhalten und unsere Kooperation in der Gruppe testen wollen.

Aus Platzgründen können wir das Thema Tests, zu dem wir umfangreiche Bücher geschrieben haben, hier nicht weiter ausführlich vorstellen. Einen Eindruck aber sollten Sie gewonnen haben, und wenn Sie jetzt zu der Einsicht gelangt sind, daß es sinnvoll ist, an solchen Tests nicht unvorbereitet teilzunehmen, haben wir unser Ziel erreicht.

Noch ein paar Tips für derartige unheimliche Begegnungen der 3. Art:

Test-Kritik, Test-Tips

Auch wenn immer mehr kluge Leute Einstellungs- und andere Testverfahren für äußerst fragwürdig halten: Man kommt kaum an ihnen vorbei. Deshalb gilt: Schlaue Vor-Sicht walten lassen und sich sorgfältig vorbereiten! Eigentlich logisch, daß man Informationen und Erfahrungen anderer über Tests (z.B. aus dem angestrebten Ausbildungs-, Arbeits- oder Funktionsbereich) sammelt und für sich selbst auswertet. Testaufgaben zu knacken, kann man üben. In einem kleinen Vorbereitungsteam macht das vielleicht sogar noch Spaß.

Bevor auf die wichtigsten Bearbeitungsregeln für Testaufgaben eingegangen wird, erscheint es unbedingt notwendig, noch einmal darauf hinzuweisen: Von wissenschaftlicher Seite wird der durch Intelligenz- und Konzentrations-Leistungs-Tests angeblich ermöglichten Ableitung und Vorhersagbarkeit von Testerfolg auf Berufserfolg entschieden widersprochen.

Persönlichkeits-Tests haben im Einstellungsverfahren überhaupt nichts zu suchen. Aus juristischer Sicht stellen sie einen unzulässigen Eingriff in die per Grundgesetz geschütze Privatsphäre dar.

Es ist enorm wichtig, sein Selbstwertgefühl nicht vom Testergebnis abhängig zu machen, sondern diesen angeblichen Aus- und Vorhersagen kräftigst zu mißtrauen. Man sollte versuchen, gegenüber dem ganzen Test- und Auswahlzirkus eine gelassene und realistische Einstellung zu entwickeln. Dabei kann die solidarische Unterstützung wichtiger Bezugspersonen (Freunde, Kollegen, Lehrer, Geschwister, Eltern) sehr hilfreich sein. Diese gilt es durch gezielte Information zu werben und zu sichern.

Hier die entscheidenden Bearbeitungsregeln für Testaufgaben:

- Nutzen Sie die Zeit der Aufgabenerklärung zu Beginn der Tests: Verdeutlichen Sie sich das Aufgaben- und Lösungsschema, versuchen Sie, sich an ähnliche, bereits gelöste Aufgaben aus Testtrainingsbüchern zu erinnern.

- Arbeiten Sie so schnell wie möglich, mit einem sinnvollen Maß an Sorgfalt.

- Beißen Sie sich nicht an schwierigen Aufgaben fest, Sie verlieren sonst wertvolle Bearbeitungszeit für andere, vielleicht viel leichtere Aufgaben.

- Sind verschiedene Antwortmöglichkeiten vorgegeben, wenden Sie bei Zweifeln bezüglich der richtigen Lösung folgende Strategien an:

– Versuchen Sie, falsche Lösungen zu eliminieren, um so die richtige »einzukreisen«. Es ist leichter, z.B. unter zwei verbleibenden Möglichkeiten auszuwählen, als unter mehreren.
– Raten Sie notfalls lieber eine Lösung, anstatt gar nichts anzukreuzen.

Sollte es beim nächsten Test nicht klappen, können Sie trotzdem zu den Gewinnern gehören, wenn Sie aus den Erfahrungen lernen und nicht aufgeben. Das mag zynisch klingen, ist aber die Realität. Denken Sie an Lotto-Spieler – die geben auch nicht gleich auf, wenn sie am Wochenende keine sechs Richtige haben. Das oberste Bewerbungsgebot heißt: Durchhalten, nicht aufgeben und weiter bewerben, bis es endlich klappt!

Einmal mehr muß darauf hingewiesen werden: Nicht der Hauptteil der Bewerber und der Getesteten »fällt durch« und hat versagt, sondern Tests und Testanwender versagen und produzieren Testopfer.

Noch ein genereller Tip: Nur an Tests teilnehmen, wenn man sich absolut gesund fühlt und gut ausgeschlafen hat. Zusätzliche Belastungen neben dem Teststreß sind möglichst zu vermeiden oder sollten veranlassen, eher einen neuen Testtermin zu vereinbaren. Mit einer guten Begründung kann man dies in der Regel leicht erreichen.

Pünktliches Erscheinen am Testort versteht sich von selbst. Wer abgehetzt zum Testtermin kommt, verschlechtert seine Chancen. Wichtig ist die Information über die Testdauer, manche Tests können bis zu acht Stunden dauern. Deshalb ist es ratsam, neben Schreibgeräten auch eine Kleinigkeit zu essen (z.B. Traubenzucker) und zu trinken dabeizuhaben (keine Kühltasche, keine Stullenpakete...).

In Pausen, die es hoffentlich gibt, kann ein Gespräch mit dem Nachbarn, der sicherlich genauso genervt ist, wie man selbst, durchaus entspannend wirken. Nach dem Test- und Bewerbungsstreß sollte man nicht vergessen, sich zu belohnen. (Was das sein könnte, weiß hoffentlich jeder selbst.)

Noch ein Wort: Besser keine »Medikamentenversuche«! Wer bei jedem Test unter massiver Prüfungsangst leidet, sollte ruhig einmal eine psychotherapeutische Beratungsstelle aufsuchen und sich dort weiterhelfen lassen.

Lösungen

Die hier nur kurz vorgestellten Aufgaben finden Sie in aller Ausführlichkeit in unseren Test-Trainings-Büchern beschrieben *(siehe S. 155).*

Intelligenz-, Logik- und Wissens-Tests

Aufgabe 1: 13 cm/2a/3d/4c/5b/6c/7d/8c/9d/10c/11b/12: 38 m/13: 3 Töchter (4 Söhne)/14 Ab, Be/15e/16c/17d/18: a. Elf Neuntel (System: :9+9:9 ...) b. 95 (x2+1 ...) c. 10 (+2-10+4-8+6-6+8-4 ...)
19 Fiffi/20 a-d falsch, Elfriede ist nicht als Mensch definiert, sie könnte z.B. eine Testsau sein/21 b,d,e richtig

Konzentration-Leistungs-Tests

1. Buchstaben durchstreichen
1. Zeile: 9d/2:8/3:11/4:9/5:12/6:15/7:8/8:14

2. Konzentrations-Leistungs-Tests
A 1. Durchgang 0; 2. Durchgang 22 /0
B:5;5/C:6;6/D:3;9/E:7;13/F:1;1/G:12;12/H:2;24/I:2;16/J:6;30

Persönlichkeits-Tests

Hier gibt es – zumindest im üblichen Sinne – keine »richtigen« oder »falschen« Antworten. Aber aufgepaßt: Die Bewertung nimmt der Personalchef vor.

Wer sich bei Aufgabe 1 quasi dafür entschuldigt, daß er nachts den Telefonhörer abgenommen hat (b), liegt genauso daneben, wie der Fluchende (a).

Die Statements 2, 3 und 4 kennzeichnen Sie entweder als Einzelgänger (jeweils Antwortmöglichkeit a) oder als ein gutes (zukünftiges) Teammitglied (alle c-Ankreuzungen). Wer zweimal b hat, kann sich offensichtlich nicht entscheiden. Auch schlecht.

Bei Aufgabe 5 kommt es darauf an, was Sie aus den Satzanfängen machen. Wenn Hans immer betrunken ist, läßt das auf nichts Gutes schließen, ebenso wenn Sie schreiben sollten: Schule ist doof.

Noch ein Wort: Dieser Psycho-Kurztest ist nur als eine spielerische Einstiegsübung in die Materie zu verstehen, also legen Sie Ihr Mini-Testergebnis bitte nicht auf die »Goldwaage«.

∗ *Was sagt Michael Jackson zu diesem Thema, Herr Mühsam?*
∗ *I am bad, I am bad, Frau Voss.*

Vorstellungsgespräch

Wenn der Briefträger zweimal klingelt

Wir gratulieren. Sie haben es geschafft – zwar noch nicht ganz, aber immerhin. Der Briefträger hat Ihnen Post gebracht, eine Antwort auf Bewerbungsschreiben und/oder Testergebnis: Sie werden zu einem Vorstellungsgespräch eingeladen.

Das ist erst einmal Grund zur Freude. Ein wichtiges Etappenziel ist erreicht. Der richtige Moment für eine Belohnung – tun Sie sich selbst etwas Gutes, falls niemand aus Ihrer Umgebung auf diese Idee kommt.

Angenommen, bis zum Vorstellungsgesprächstermin haben Sie noch zehn Tage Zeit: Was tun Sie? (Zutreffendes bitte spontan ohne langes Nachdenken ankreuzen!)

a) Ich lenke mich systematisch ab, ganz nach dem Motto: »Bloß nicht dran denken.«
b) Schon jetzt beginne ich mit der Einnahme von Beruhigungstabletten, damit ich bis zum Gesprächstermin schön cool bleibe.
c) Zeit für Entspannung, ich trete auf der Stelle einen kurzen, aber heftigen Abenteuerurlaub an (z.B. per Anhalter mit ganz wenig Geld in den Nahen Osten – aber nur, weil die Zeit ja wirklich etwas knapp ist).
d) Endlich ist der richtige Moment für eine große Abrechnung mit den Alten da – ich packe meine 7 Sachen und ziehe aus.

Dieser kleine »Persönlichkeits-Test« offenbart wieder einmal schonungslos Ihren Charakter ... Wenn Sie sich hier nicht zwischen a, b, c oder d entschieden haben, sondern abstinent geblieben sind, haben Sie schon eine Menge gelernt ...

Falls Sie die Antwortalternative »... dann bereite ich mich gründlich auf die zu erwartende Gesprächssituation, auf das Frage- und Antwortspiel vor« vermißt haben, können Sie getrost die nächsten Absatz überlesen.

Das Vorstellungsgespräch zur Erlangung eines Ausbildungsplatzes ist nichts anderes als eine mündliche Test- und Prüfungssituation. Dabei handelt es sich um einen sog. klassischen Persönlichkeitstest, vielleicht dem wichtigsten, dem Sie in Ihrer Bewerbungssituation begegnen. Sie können und sollten sich darauf genau so gut vorbereiten wie auf andere bereits von Ihnen absolvierte Prüfungen (z.B. Klausuren, Abitur, Führerschein usw.).

Der Zeitaufwand für diese Vorbereitung darf nicht zu knapp bemessen sein. Sich dafür zwei, drei Tage Zeit zu nehmen, ist durchaus angemessen und zahlt sich bestimmt aus! Natürlich braucht es etwas mehr Zeit, wenn es Ihr erstes Vorstellungsgespräch ist. Falls Sie aber darin (leider) schon eine gewisse Routine haben, kommen Sie sicherlich auch mit deutlich weniger Aufwand aus.

In der Regel läuft so ein Vorstellungsgespräch nach einem ganz bestimmten Schema ab. Dies hängt mit der Ausbildung und der Erfahrung Ihres Gesprächspartners von der Arbeitgeberseite zusammen. Personalchefs und Ausbildungsleiter sind meistens in Sachen Vorstellungsgespräch geschult. Will man als Bewerber etwas dagegensetzen und Erfolg haben mit der Präsentation seiner Person, erfordert dies eine gute, sorgfältige Vorbereitung, am besten ein Training.

An diesem Punkt drängt sich unweigerlich der Vergleich mit einem Schauspieler auf, der sich um ein Engagement bewirbt und in seinem »Vorstellungsgespräch« eine Rolle vorsprechen bzw. vorspielen muß. Ganz sicher hätte er ohne sorgfältige Vorbereitung, Übung und Rollenstudium kaum eine Chance. Der Begriff »Vorstellung« deutet ja übrigens auch schon auf die Parallele zum Theater hin.

Es geht also darum, seinen Text und seine Rolle überzeugend darzustellen. Dazu muß man wissen, was gespielt wird und was der Regisseur und das verehrte Publikum (Ihr Gesprächspartner) hören wollen. Das ist natürlich nicht mißzuverstehen als Empfehlung, nun alles stur auswendigzulernen. Andererseits ist die häufig gehörte Aufforderung »Seien Sie doch ganz natürlich und spontan« genauso idiotisch wie der Aufsageversuch. Auf Kommando kann man nicht spontan sein, und die Bewerbungssituation ist alles andere als natürlich.

Der gelernte Schauspieler und Ex-Präsident Ronald Reagan ließ sich vor jeder Pressekonferenz von seinem Beraterteam alle möglichen Fragen der Journalisten (insbesondere die unangenehmen) zu einem bestimmten Thema zusammenstellen. Aber nicht nur das. Er hatte es etwas leichter als Sie, denn Ihm wurden dazu auch die passenden Antworten vorgelegt. Diesen Frage-Antwort-Katalog hatte Mr. President dann einfach gut drauf (ohne daß es auswendiggelernt wirkte – wie eben bei einem guten Schauspieler).

Und was lernen Sie daraus? Vorbereitung ist alles.

* *Wie oft wollen Sie, meine Herren , denn das noch sagen ...*
– und als Beraterteam haben Sie dieses Buch und damit uns.
* *Na, Gott-sei-Dank! Dann kann ja nichts mehr schief gehen.*

Ihre Vorbereitung sollte sechs Aspekte berücksichtigen:

1. die Kenntnis des Hintergrundes und der Intention von Vorstellungsgesprächen,
2. Ihre eigene Ausgangsposition sowie die Ihres Gegenübers,
3. gründliche Informationen über Beruf/Branche/Ausbildungsplatzanbieter,
4. Kenntnis des gängigen Gesprächsablaufs und des verwendeten Fragenrepertoires,
5. die wichtigsten Grundlagen der Gesprächspsychologie – d.h. Frage- und Antworttechniken, Unterschiede zwischen Gruppen- und Einzelgesprächen, Körpersprache etc.,
6. den organisatorischen Teil (Anreise, Kleidung usw.).

Worum es geht – Hintergrund und Intention

Der Personalchef, Ausbildungsleiter oder Firmeninhaber – kurz: der Interviewer – will im Vorstellungsgespräch folgendes abtesten:

Ihre
- Persönlichkeit
- Leistungsbereitschaft (-motivation)
- Eignung

Diese drei Kategorien, Hauptthemen und »Untersuchungsgegenstände« des Vorstellungsgesprächges lassen sich nicht immer ganz eindeutig voneinander abgrenzen und unterscheiden. Sie sind auf vielfältige Weise miteinander verflochten.

So könnte man z.B. zu »testende« Eigenschaften wie Ehrlichkeit, Pflichtbewußtsein und Fleiß allen drei Kategorien zuordnen.

Im einzelnen geht es bei der »Erforschung« Ihrer **Persönlichkeit** um folgende globale Aspekte:
- Wirken Sie sympathisch?
- Sind Sie anpassungsfähig?
- Passen Sie zu Institution/Firma/Team?

Mit **Leistungsbereitschaft** ist gemeint:

- Bringen Sie Engagement (Begeisterung, mindestens starkes Interesse) für den angestrebten Beruf mit?
- Sind Sie lern- und arbeitswillig?
- Ist eine Identifizierung mit der Arbeit und Firma/Institution zu erwarten?

Die versuchte Überprüfung Ihrer **Eignung** im Vorstellungsgespräch zielt auf folgendes:

- Vorhandensein von – aus der Sicht des Interviewers – berufsrelevanten Eigenschaften (vereinfacht: Tierliebe beim angehenden Tierpfleger; Ordnungsliebe beim angehenden Finanzbeamten oder Buchhalter; Kontaktfreudigkeit beim Außendienstmitarbeiter).
- Dazu gehört auch Zuverlässigkeit, Ehrlichkeit, Pünktlichkeit und andere elementare »preußische« Tugenden.

Genau diese Merkmale kann man aber auch der Kategorie »Persönlichkeit« und ihrer Ausforschung zuordnen. Wie schon gesagt: Hier gibt es Überschneidungen.

Lernbereitschaft, aktives Interesse, Pünktlichkeit, Pflicht- und Verantwortungsbewußtsein, Sauberkeit, Ordnung und Genauigkeit sowie die Bereitschaft, sich anzupassen, unterzuordnen und sich auch kritisieren zu lassen, sind Merkmale, die bei Auszubildenden gewünscht bzw. erwartet werden, so das bemerkenswerte Ergebnis einer Befragung von Ausbildern.

Die Kenntnis und Berücksichtigung dieses skizzierten Hintergrundes von Vorstellungsgesprächen mit Azubis ist also ganz wichtiger Bestandteil Ihrer Vorbereitung.

Ausgangspositionen

Die beiden Ausgangspositionen – Ihre und die Ihres Gegenübers – bestimmen ganz wesentlich den Verlauf des Vorstellungsgesprächs.

Wenn Sie beispielsweise Gewinner des Wettbewerbs »Jugend forscht« sind, weil Sie einen Fön entwickelt haben, der nicht nur trocknet, sondern die Haare gleichzeitig schonungslos in jede gewünschte und vorstellbare Farbe färbt, wird Ihre Bewerbung als Friseur/Friseuse-Azubi eher leicht und erfolgreich verlaufen, als wenn Sie mit einer chronisch-aggressiven Gesicht-, Hand und Oberarm-Schuppenflechte vorsprechen.

* *Was soll denn das jetzt, meine Herren, Abitur und Friseur?*

Alles klar, was gemeint ist? Viele Komponenten bestimmen Ihre Ausgangsposition (zu der Ihres Gegenübers später):

Zum Beispiel:
- Ihr Berufswunsch und die aktuelle Ausbildungsplatzsituation (Mangelberuf oder Überangebot?)
- Schulabschluß und -leistungen
  (Mit einer 5 in Sport hat man es bei der Polizei sehr schwer.)
- Tätigkeit/Erfahrung
  (Wer Tierpfleger werden will, aber kein einziges Haustier hat oder haben durfte, ist in einer schlechten Ausgangsposition.)
- bisherige Bewerbungserfahrung
  (Wer nach 131 Absagen die 132. Bewerbung abschickt, braucht viel Hoffnung und Mut, um mit der notwendigen Selbstsicherheit und Überzeugungskraft auftreten zu können.)
- »Vitamin B«
  (Spielen bei der Bewerbung Beziehungen eine Rolle – und haben Sie diese? Sind Sie vielleicht »Miki« oder »Kuki« – als Mitarbeiter- oder Kundenkind sticht man manchen Mitbewerber aus.)
- Persönlichkeitsmerkmale
  (Als für alle erkennbares Angsthäschen ist beim Werkschutz schwer unterzukommen, oder mit einem permanent feisten Grinsgesicht kann man in der Bestattungsbranche nur schwer einen Blumentopf gewinnen.)
- äußeres Erscheinungsbild
  (Mit einer Kohl-Statur fällt man bei einer Jockey-Bewerbung glatt vom Pferd, und mit einer Irokesen-Frisur überzeugt man höchstens einen Park-Bankdirektor.)
- Alter
  (Mit 14 und der Nase voll von der Schule kann man noch nicht Krankenschwester werden.)

Dies sind zugegebenermaßen zum Teil recht drastische Beispiele, um zu verdeutlichen, worum es uns geht. Unsere kleine Aufstellung soll als Anregung dazu dienen, einmal darüber nachzudenken, welches die eigenen Plus- und Minuspunkte sind, die man in die Situation Vorstellungsgespräch mit einbringt (deshalb die gnadenlose Überzeichnung).

Wenn Sie dazu neigen sollten, immer mit Männern um die 45 bereits nach wenigen Minuten in Streit zu geraten, weil Sie (unbewußt) an Ihren furchtbar streitsüchtigen Vater erinnert werden, darf Ihnen dies im Vorstellungsgespräch natürlich nicht passieren. Ein wenig kritische Reflektion über die eigene Person und typische Eigenschaften gehört mit zur Vorbereitung auf das Vorstellungsgespräch und zum Überdenken Ihrer Ausgangsposition.

Aber auch die Gegenseite hat ihre Ausgangsposition. Da ist die Arbeitsmarktsituation, die einen starken Einfluß auf die Ausbildungsplätze hat. In Deutschland liegt die Uhrenbranche darnieder. Folglich gibt es in diesem Bereich so gut wie keine Ausbildungsplatzangebote (zum Glück aber auch wenig Nachfrage).

Hat der Personalchef/Ausbildungsleiter viele oder wenige Angebote von Azubi-Bewerbern, handelt es sich um eine große oder kleine Firma, hat man es mit einem wirklichen Ausleseprofi oder mit einem »Stümper« zu tun – die spezifischen Auswirkungen liegen auf der Hand.
Und auch der Personalchef ist nur ein Mensch mit allen Fehlern und Schwächen, und wenn er gerade mit seiner eigenen Tochter oder seinem Sohn im Clinch liegt, könnte sich das bei Ihrem Gesicht (unbewußt) fortsetzen, ohne daß Sie etwas dafür können.

Vielleicht handhabt Ihr Gesprächspartner ja die Auswahlkriterien anders als viele seiner Kollegen. Vielleicht sind für ihn Kreativität, Eigeninitiative und Selbstsicherheit wichtiger als preußische Tugenden wie Ordnung, Sauberkeit, Pünktlichkeit und Fleiß.

Wichtig für Ihre Ausgangspositions-Analyse ist es, zu wissen, worauf es ankommt. Dazu gehört, die Hintergründe und Intentionen von Vorstellungsgesprächen zu kennen, wie wir sie Ihnen bereits im vorigen Abschnitt dargestelllt haben.

Der nun folgende Abschnitt beschäftigt sich mit der Analyse und Informationsgewinnung und trägt damit zur Stärkung Ihrer persönlichen Ausgangsposition bei.

Informationssammlung: Beruf, Branche, Ausbildungsplatzanbieter

Sie können möglicherweise die Grundfläche eines Dreiecks berechnen, assoziieren bei Grass nicht nur Wiese und bei Böll nicht etwa Sylvester, aber wenn Sie jetzt Industriekaufmann bei *Siemens* werden wollen, möchte man ein paar andere Dinge von Ihnen wissen. Da interessiert die *Siemens*-Auswahlkommission, ob Sie z. B. den Firmenhauptsitz kennen, die wichtigsten Niederlassungen im In- und Ausland, die Anzahl der Mitarbeiter, Umsatz und Gewinn, die Produktpalette und wie der aktuelle Stand der *Siemens*-Aktie ist.

Mit anderen Worten: Für welchen Ausbildungsberuf Sie sich auch bewerben, Sie sollten über Entstehung und Entwicklung des Berufes Bescheid wissen, berühmte Berufsvertreter kennen, Aufgaben und Tätigkeiten etwas dataillierter beschreiben und Vor- und Nachteile benennen können (auch ganz subjektiv). Sie dürfen sich ruhig ein bißchen in der Branche auskennen (wer sich bei *Bayer* bewirbt, darf *BASF* nicht für einen Fußballverein halten), die ganz Großen, ein paar Mittlere und vielleicht die eine oder andere lokale Größe kennen.

Vor allem sollten Sie aber über Ihre potentielle Ausbildungsfirma oder -institution gut Bescheid wissen. Wie sich das z.B. das Haus *Siemens* für seine Azubis vorstellt, haben wir gerade beschrieben, aber auch der Bäcker um die Ecke hört es nicht ungern, wenn Sie wissen, daß sein spezielles Vollkornbrot auch Kunden aus entfernterer Umgebung anlockt.

Informationen über den Beruf vermitteln das BIZ und die »Blätter zur Berufskunde«, über den Betrieb eventuell dessen Pressestelle (anrufen, Material erbitten!), ansonsten Industrie- und Handelskammer, Fachzeitschriften (Bibliotheken), aber auch Personen, die bereits in dem Beruf, in der Branche, in der Firma/Institution arbeiten.

Gesprächsablauf und Fragenrepertoire

Wie nun so ein Vorstellungsgespräch im einzelnen verläuft, können Sie bis zu einem bestimmten Grad mit beeinflussen, ja sogar wesentlich steuern.

Beweis: Wetten, daß ein so ausgefallenes Hobby wie z.B. Reptilienzucht, eingefügt in den Lebenslauf (s. S. 56), Ihr Gegenüber verführt, mehr darüber von Ihnen wissen zu wollen?

Auch wenn dies ein bißchen konstruiert sein mag, es geht uns darum, Ihnen zu verdeutlichen, daß ein Teil der Fragen im Vorstellungsgespräch auf Ihren Angaben im Bewerbungsanschreiben, Lebenslauf und anderen Beilagen (z.B. Zeugnis) basiert.

Also weniger konstruiert: Die fünf in Mathe könnte sehr wahrscheinlich Anlaß zu einer gezielten Frage (»Wie erklären Sie sich Ihre mangelhaften Leistungen in ... ?«) sein.

Jetzt brauchen Sie bloß noch flapsig zu antworten »Das wollte ich auch schon immer wissen ... vielleicht erklären Sie's mir ...«, und schon werden Sie erleben, wie aktiv Sie das weitere Geschehen, den Verlauf Ihres Vorstellungs-Gespräches beeinflußt haben (sehr wahrscheinlich stark verkürzend ...).

Mit anderen Worten: Die Art und Weise wie Sie antworten – wie ausführlich, in welchem Stil, was mitteilend – hat einen deutlichen Einfluß auf den weiten Verlauf. Dazu wollen wir Ihnen noch einige wichtige Informationen geben, möchten aber zunächst einmal den typischen Ablauf mit den zu erwartenen Fragen vorstellen.

Übersicht: Ablauf und Themen des Vorstellungsgespräches

1. Begrüßung und Einleitung des Gesprächs
2. Bewerbungs- und Berufswahl-Hintergründe
3. Schulausbildung und andere berufsnahe Tätigkeiten
4. Persönlicher, familiärer und sozialer Hintergrund
5. Gesundheitszustand
6. Test- und Prüfungsfragen
7. Informationen für den Bewerber
8. Fragen des Bewerbers
9. Abschluß des Gesprächs und Verabschiedung

Nach dieser Gesamtübersicht möchten wir Ihnen die einzelnen Themengebiete des Vorstellungsgesprächs näher erläutern. Dazu haben wir das folgende Schema gewählt:

- Frage(n)
- Hintergrund
- Hinweise

Zunächst stellen wir Ihnen die möglichen Fragen zum Themenkomplex (z.B. Gesundheit) vor. Beispiel: Wann waren Sie das letzte mal krank?

Dann erklären wir Ihnen den Hintergrund der Fragen (z.B. kein

Arbeitgeber möchte gerne kranke oder auch nur kränkliche Mitarbeiter einstellen),

und schließlich geben wir Ihnen Hinweise, Empfehlungen, was Sie beachten sollten, wo möglicherweise »Gefahren« auf Sie lauern könnten. (In diesem Fall müssen Sie sich vorher überlegt haben, ob Sie eine wirklich gravierende Erkrankung – bespielsweise Asthma – angeben wollen, und wie Sie die daraus entstehende eventuelle Beeinträchtigung auf die Ausbildungs- und Arbeitssituation Ihrem potentiellen »Chef« erklären (»Ist aber halb so schlimm, kommt ganz selten vor, daß ich umkippe – so vielleicht höchstens einmal die Woche!«).

Unsere Hinweise zu diesem Beispiel können wir uns an dieser Stelle sparen. Mehr dazu folgt jetzt.

1. Begrüßung und Einleitung des Gesprächs

Begrüßung, Händedruck und Vorstellung

Hintergrund: Es geht um den ersten Eindruck, die Kontaktaufnahme das Äußere, Ihre Umgangsformen und Ihr Auftreten. Hier findet schon die erste Überprüfung Ihrer Anpassungsfähigkeit statt. Sind Sie pünktlich, abgehetzt und verschwitzt, ängstlich-nervös oder ruhig, natürlich und gelassen – ohne übertrieben wurschtig oder arrogant-flapsig zu erscheinen?

Hinweise: Die bereits angeführten generellen Hintergrundaspekte zum Vorstellungsgespräch spielen von der ersten Minute an eine wichtige Rolle. Wer dem Ausbildungsleiter bzw. Personalchef unpünktlich, abgehetzt und schwitzend gegenübertritt oder wie unter Drogen stehend obercool und gelangweilt wirkt, vielleicht gar genervt reagiert, weil er/sie 20 Minuten warten mußte, reagiert auf die Eröffnung der Schachpartie Vorstellungsgespräch extrem ungünstig.

Ein zu kräftiger Händedruck (»Marke Knochenbrecher«) oder verschämte Laschheit (»tote Hasenpfote«) erzeugen wenig Sympathie in den ersten wichtigen Sekunden dieser für Sie bedeutsamen Begegnung mit Ihrem potentiellen Ausbildungsplatzvergeber.

Unsere Empfehlung: Freundlich anlächeln, mitten ins Gesicht schauen, angemessen (wieder)grüßen, falls Ihr Name noch nicht gefallen ist, stellen Sie sich namentlich (deutlich sprechen!) vor, und versuchen Sie, sich den Namen Ihres Gesprächspartners einzuprägen. Letzteres kann dazu dienen, im Gespräch Ihr Gegenüber mit Namen direkt anzusprechen (nichts hört der Mensch lieber als seinen eigenen Namen). Auch für spätere Nachfaß-Aktionen (s. S. 139) ist es hilfreich zu wissen, wie Ihr Gesprächspartner hieß.

Anmoderation, Small talk (»Wir danken Ihnen für Ihr Kommen, bla bla bla«)

Hintergrund: Ihre Gesprächspartner wollen Sie und sich selbst in einer sog. »Warming-up«-Phase einstimmen, eine freundliche Gesprächsatmosphäre schaffen und Ihre eventuelle Verkrampfung und Prüfungsangst abbauen helfen.

Hinweise: Das ist zunächst ganz nett, sollte Sie aber nicht dazu verführen, zu ausführlich auf die angebotenen Themen einzugehen (Wetter, Anreise, wie der Einstellungstest war usw.).

Andererseits dürfen Sie das Gesprächsangebot aber auch nicht barsch ablehnen, etwa mit dem Unterton »Interessiert Sie das wirklich?« oder »Bin ich hergekommen, um übers Wetter zu reden?«

Angebote wie Kaffee, Rauchen oder gar Alkohol sind mit Vorsicht zu genießen. Bei Alkohol – was als Angebot an Azubis sicherlich sehr selten vorkommen dürfte – natürlich klare Ablehnung. Aber auch das Rauchen ist problematisch, vor allem, wenn Ihr gegenüber keinen Ascher auf dem Tisch hat bzw. selbst keine Zigarette in den Händen. Die Nichtraucher sind auf dem Vormarsch und werden militant – besser, falls Sie überhaupt rauchen, Sie lehnen dankend ab. Rauchen ist nicht mehr in.

Gibt es eine Kaffeerunde, oder werden andere Getränke wie z.B. Mineralwasser oder Saft angeboten, sollten Sie mitmachen und sich nicht ausschließen. Falls Sie einen Getränkewunsch äußern dürfen, machen Sie es nicht kompliziert, bringen Sie niemanden in Verlegenheit, vor allem nicht sich selbst. Nicht jede Bürogetränkebar hat Tomatensaft mit Salz und Pfeffer und ganz kleinen Eisstückchen vorrätig.

Und noch eine Empfehlung: Finden Sie heraus (falls Sie es noch nicht wissen) – notfalls durch direktes Fragen – wieviel Zeit für Ihr bzw. das Vorstellungsgespräch vorgesehen ist. Bei einem Einzelgespräch dürfte das kein Problem sein, bei einem Gruppen-Vorstellungsgespräch fallen Sie mit einer solchen Frage möglicherweise unangenehm auf.

Es macht einen Unterschied, ob Sie 20 oder 40 Minuten Zeit haben, sich vorzustellen. Ihre Inszenierung – die Dramaturgie Ihres Auftrittes – die Ausführlichkeit, mit der Sie sich präsentieren, hängt deutlich von der Ihnen zur Verfügung gestellten Zeit ab.

2. Hintergründe von Bewerbung und Berufswahl

Frage:
Wie kommt es, daß Sie sich für den Beruf des/der ... interessieren? Warum bewerben Sie sich um einen Ausbildungsplatz als ... ? Wie sind Sie auf diesen Beruf gekommen, und seit wann interessieren Sie sich dafür?

Hintergrund: Abchecken von Motivation (warum diese Berufswahl?) und Interesse. Wie fundiert ist beides? Ist dieser Berufswunsch erste oder zweite Wahl?

Hinweise: Auf diese Standardfragen müssen Sie gut vorbereitet sein, flüssig und gut formuliert wenigstens 10 Minuten reden können (bei allerdings nur 20 Minuten Gesamtzeit wird man Sie nur 2 bis 3 Minuten lassen – da muß dann das Wesentliche gesagt sein). Es handelt sich mit um die wichtigsten und entscheidendsten Fragen im ganzen Gespräch.

Dabei darf der Unterhaltungs- und Spannungsfaktor auf keinen Fall zu kurz kommen, was Sie generell für viele Antworten berücksichtigen sollten.

Auf die Frage »Warum wollen Sie Flugzeugführer werden?« zu antworten
- Weil ich so gerne fliege,
- Weil mein Urgroßvater, Großvater und Vater Piloten waren,
- Weil die mir bei der Berufsberatung das empfohlen haben,
- Weil man damit viel Geld verdient,
- Weil ich die Pilotenuniform so geil finde,
- Weil Stewards nicht mehr gebraucht werden,

ist äußerst schwach argumentiert und wird Ihnen deutliche Minuspunkte einbringen.

Argumente, die einseitig abzielen auf die Aspekte
- gerne machen, toll finden, bewundern,
- in unserer Familie macht man das schon seit Generationen,
- weil jemand anders mir das geraten hat (Fremdmotivation),
- Außenreize wie: viel Geld verdienen, Rumkommen, viel Freizeit, schmuckes Äußeres und Sozialprestige ...,
- Berufswahl als 2. Wahl bzw. Notlösung,

wirken in der Regel wenig überzeugend und sind für Ihr Bewerbungsziel nicht hilfreich.

- *Sind das nicht Klugscheißer, die beiden, Frau Voss?*
- *Allerdings, Herr Mühsam. Ich kann es nicht mehr hören, und meine Frage ist auf Seite 9 immer noch nicht beantwortet.*
- *Sie meinen Fahrrad- und Reifenprüfung. Und was ist mit meinem Händeschütteln?*

Natürlich kann man zugeben, fasziniert zu sein von der Fliegerei, vom Pilotenberuf. Wenn man dann noch ein besonders prägendes Erlebnis hatte (oder besser mehrere) und dies im Mini-Anekdotenstil unterhaltsam vorträgt ...

- *Meine Großeltern sind in Leipzig 1914/15 beide bei einem Flugzeugabsturz ums Leben gekommen ...*
- *Ob dieses Argument so überzeugend ist, Frau Voss?*

... kann das positive Wirkung zeigen. Untermauern läßt sich dies mit Hinweisen auf ausgiebige Informationen aus erster Hand (Gespräche mit Berufsvertretern). Vielleicht haben Sie ja schon mal in das Arbeitsgebiet »reingeschnuppert« (z.B. – weg von unserem Beispiel – in den Ferien in der betreffenden Berufsbranche gejobt).

Frage:
Was wissen Sie über den Beruf (Geschichte, Entwicklung; bedeutsame Berufsvertreter)?
Kennen Sie Ausbildung, Aufgaben und Arbeitsvorgänge?
Nennen Sie wichtige Vor- und Nachteile Ihres angestrebten Ausbildungsberufes und wie Sie mit diesen umzugehen gedenken.
Woher haben Sie Ihre Informationen?

Hintergrund: Wieder geht es um die Überprüfung Ihrer Motivation. Wie gut sind Sie vorbereitet? Haben Sie sich mit dem Beruf und seinen Aufgaben intensiv beschäftigt? Wie sind Sie bei der Informationssammlung vorgegangen (klug-kreativ oder einfallslos-unbegeistert)?

Hinweise: Sie merken schon, was im Vorstellungsgespräch auf Sie zukommt. Hier ist gute Vorbereitung (Recherchieren) und entsprechende Fachlektüre unabdingbar. Mit einem Blitzbesuch im BIZ ist es sicherlich nicht getan.

Ihre Antworten auf diese Fragen sollten Qualität haben. Wem bei Vorbzw. Nachteilen des Berufs nur mit Mühe etwas einfällt (z.B. beim Pilot – um dieses Beispiel weiter zu quälen – »Die vielen schönen Reisen« und als

Nachteil »Immer unterwegs sein«), spielt mit dem Hebel für den Schleudersitz.

Sie können die Vor- und Nachteile des angestrebten Berufs durchaus subjektiv, also aus Ihrer ganz persönlichen Perspektive beschreiben. Das hat allerdings auch seine Grenzen (überspitzt: Wer als potentieller Kaufhausverkaufer als Vorteil die Konstanz von Arbeitsplatztemperatur und Lichtverhältnissen angibt, fällt genau so merkwürdig auf wie jemand, der als Nachteil die dicke Luft im Kaufhaus beklagt).

Die Vor- und Nachteile müssen also für den Gesprächspartner nachvollziehbar, die Argumentation muß angemessen sein. Das A und O ist der überzeugende Umgang mit den Nachteilen. Realistisches Beispiel: Der Nachtdienst der Krankenschwester ist 1. ein sinnvolles Muß und 2. kann man/frau auch tagsüber einigermaßen gut schlafen, weil ein ruhiges Schlafzimmer vorhanden ist.

Frage:
Wie stellen Sie sich Ihren beruflichen Werdegang vor?
Wie sieht Ihr Berufsziel aus, z.B. in fünf bzw. 10 Jahren?

Hintergrund: Motivation, haben Sie Ziele, wollen Sie etwas erreichen, und sind Sie dabei bereit, etwas zu leisten? Wie sehen Ihre Pläne aus, wie realistisch oder phantastisch sind diese? Sind Sie vielleicht ein Traumtänzer oder der zukünftige Filialleiter, möglicherweise ein zukünftiges Mitglied der Geschäftsführung?

Hinweise: Machen Sie Ihrem Gesprächspartner nicht unnötig Angst. Sägen Sie nicht heute schon an seinem Stuhl, zeigen Sie aber, daß Sie realistische Ziele vor Augen haben und bereit sind, sich für diese beruflich zu engagieren.

Frage:
Warum bewerben Sie sich gerade bei uns?
Wer gab den Anstoß dazu?
Was wissen Sie über uns?

Hintergrund: Ist Ihre Bewerbung bei dieser Firma/Institution geplant oder eher Zufall? Was reizt Sie an dem Ausbildungsplatz gerade bei dieser Firma/Institution? Zeigen Sie die richtige Wertschätzung (»Wissen Sie um unsere Bedeutung?« – Weltunternehmen – Spezialfirma – lokale Bedeutung – Image, Ruf usw.). Wie gut sind Sie wirklich informiert und damit (so der Rückschluß) interessiert?

Hinweise: Vorbereitet sein, etwas zu sagen wissen und das mit Substanz. Die gute Vorbereitung über den Ausbildungsplatzanbieter und die sorgfältige Informationsrecherche zahlen sich an dieser Stelle bestimmt aus (vgl. auch S. 37). Hier können Sie Punkte sammeln, wenn Sie über Produktpalette, Mitarbeiteranzahl, Vertretungen bzw. Niederlassungen im In- und Ausland, Marktsituation und Umsatz gut informiert plaudern können. Das trifft – in modifizierter Form – auch auf die ganz kleine Firma von kaum lokaler Bedeutung zu.

Frage:
Wo haben Sie sich noch beworben?
Für welchen anderen Beruf könnten Sie sich auch noch interessieren?
Warum wollen Sie nicht studieren?

Hintergrund: Hinterfragung der Bewerbungs-Motivation speziell für diese Firma/Institution. Ist diese Firma erste Wahl oder rangiert sie irgendwo unter ferner liefen? Setzen Sie alles auf eine Karte, oder haben Sie 100 Bewerbungsschreiben ausgestreut?

Sind Sie in Ihrer Berufswahl sicher, oder zeigt sich hier eine diffuse Bandbreite – z.B. von der Arzthelferin bis zur Tierpflegerin? Würden Sie in Wirklichkeit lieber einen anderen Ausbildungsplatz bekommen, als den, um den es jetzt in diesem Gespräch geht?

Warum nicht studieren? Wie ernst ist Ihre Bewerbung? Ist sie nur kurze Überbrückung bis zum Studienbeginn? Sind Sie ein potentieller Ausbildungs-Abbrecher?

Hinweise: Sich nur bei einer Firma beworben zu haben, ist unrealistisch und unglaubwürdig. Sich aber bei allen Chemiegiganten gleichzeitig als angehende Laborantin zu empfehlen, macht Sie verdächtig und kränkt *Bayer, Hoechst* bzw. *BASF.*

Die Aufforderung, Berufswahlphantasien zu entwickeln, ist keine Überprüfung Ihrer Kreativität, sondern eher eine Falle. Wenn Sie zu sehr darauf eingehen und sich neben dem Piloten auch als potentiellen Lokführer, Kapitän oder Brummifahrer vorstellen können, stimmt was mit Ihnen nicht (aus Arbeitgebersicht). Wenn schon ein anderer Beruf, dann aber bitte so artverwandt wie möglich (also z.B. Chemielaborantin oder MTA, Polizei oder Zoll, Industriekaufmann oder Bankkaufmann).

3. Schulausbildung / Erfahrungen in der Berufswelt

Frage:
Wie war es denn bei Ihnen in der Schule, erzählen Sie uns doch mal was ...

Hintergrund: die Themen Anpassung, Leistungsbereitschaft und -vermögen. Wie sah Ihr Vor-Berufs-Leben aus, und was kann man von Arbeitgeberseite daraus für Rückschlüsse ziehen?

Hinweise: Achtung aufgepaßt – es handelt sich um eine sogenannte »offene« Frage, die Ihnen bei der Beantwortung viel Gestaltungsspielraum läßt. Das ist Risiko und Chance zugleich. Risiko: Sie tapern in die Falle und erzählen z.B. vom Ärger mit Mathe-Lehrer XY (damit verleihen Sie sich das Image eines im Umgang mit anderen schwierigen Menschen). Chance: Sie schildern z.B. ihr Engagement für ein bestimmtes Schulfach, das Ihnen besonders am Herzen lag und kommen dann auf Ihre Teilnahme am »Jugend forscht«-Wettbewerb zu sprechen (so nutzen Sie den Antwortspielraum für eine glaubwürdige, positive Selbstdarstellung).

Frage:
Gehen Sie gerne bzw. sind Sie gerne zur Schule gegangen?

Hintergrund: Schule = Arbeitsplatz, Ihr Verhältnis zur Schule läßt möglicherweise Rückschlüsse auf Ihr zukünftiges Verhältnis zum Ausbildungsplatz zu.

Hinweise: Sagen Sie uneingeschränkt »Ja, sehr gerne«, provozieren Sie die Frage »Warum gehen Sie nicht weiter zur Schule?« bzw. »Warum studieren Sie nicht?«

Antworten Sie nur mit »Nein«, will man genau wissen, warum und ist wahrscheinlich besorgt, Ihre Unlust könnte sich in der Ausbildung fortsetzen.

Tip: Als Lösung bietet sich eine »Teils-teils«-Antwort an: Sie gibt Ihnen Gelegenheit, sich als »differenzierter Denker« zu präsentieren.

Frage:
Wie lauten Ihre Noten in den Hauptfächern?
In welchen Fächern waren Sie gut bzw. welche lagen Ihnen besonders?
In welchen Fächern waren Sie mit Ihren Leistungen nicht zufrieden, worin hatten Sie Schwierigkeiten?

Hintergrund: Haben Sie Ihre Schulnoten »im Kopf«? (Gedächtnistest?) Wie erklären Sie sich diese, nehmen Sie Schuldzuweisungen vor?

* *Drei Dinge kann ich mir nicht merken.*
* *Welche denn, Frau Voss?*
* *Namen, Zahlen und das dritte ... äh, hab' ich vergessen.*

Schulnoten werden von Arbeitgeberseite häufig als Gradmesser für die Anpassungsfähigkeit und Leistungsmotivation gesehen. Nehmen Sie Ihre Schulnoten (und die Sie beurteilenden Lehrer) in diesem Sinne ernst, oder zeigen Sie dazu eine »flapsige« Grundhaltung (»Ist mir doch alles sch ... egal«)?

Vor allem aber sollen Ihre schulischen Begabungen, Neigungen und Interessen in ihrem Bezug zur Berufswahl ergründet werden (als Bankkaufmann-Azubi mit Interessenschwerpunkt Theologie und Religion »sehr gut« im Zeugnis, in Mathe und Deutsch aber nur knapp ausreichend, würde selbst bei einer Vatikan-Bank-Bewerbung wenig Begeisterung hervorrufen). Wie erklären Sie Ihre schulischen Stärken, aber auch Schwächen? Gibt es aus Ihrer Sicht einen berufswahlbezogenen Zusammenhang – im Positiven wie im Negativen?

Hinweise: Ihre letzten Zeugnisse und die aktuelleren (Noten-) Entwicklungen sollten Sie »gespeichert« und abrufbereit haben. Es kommt auf Ihren Vortrag, auf die Art der Darstellung und die plausible Präsentation der Zusammenhänge an: Ein Beispiel: »Ich habe mich zwar im Fach Deutsch in den letzten zwei Jahren nicht verbessern können, bin aber in Mathematik letztendlich auf eine ›zwei‹ gekommen.« Wenn es Ihnen dann noch gelingt, einen berufswahlbezogenen Aspekt einzuflechten, können Sie Pluspunkte sammeln.

Wer etwa leichtfertig erklärt, die »Zwei« in Musik ist »geschenkt« und die »Vier« in Mathe eine saublöde Ungerechtigkeit, aber die »Drei« in Deutsch hart erkämpft, liefert vermeidbare Angriffsfläche.

Dies leitet übrigens über zur nächsten

Frage:
Sind Sie mit Ihren Schulnoten zufrieden?
Hätten Sie bessere Schulleistungen erzielen können?

Hintergrund: Können Sie mit heiklen Fragen dieser Art umgehen? Es geht um Ihre Leistungsmotivation, Ihren Fleiß, Ihr Engagement. Sind Sie fähig zur Selbstkritik oder »blind, satt und zufrieden«? Geben Sie anderen die

Schuld für Ihre schlechten Zensuren? Zeigen Sie »brennenden« Ehrgeiz oder ideologischen Starrsinn? Können Sie sich arrangieren, oder sind Sie nörglerisch und ewig unzufrieden?

Hinweise: Es gibt nichts, was sich nicht noch verbessern ließe; andererseits: nur keine penetrante Unzufriedenheit zeigen, etwa in der Richtung »Der Lehrer oder die Umstände sind schuld«. Schuldzuweisungen sind bei Personalchefs unbeliebt, das gilt auch für die überzogene Selbstanklage. Wenn es um die Frage geht, woran es lag: besser unklar bleiben, auf die individuellen Neigungen und Begabungen zu sprechen kommen (»Mathe liegt mir eben nicht so wie Deutsch«). Bloß an dieser Stelle keine langen Rechtfertigungsromane, sondern auf die eigenen »Schokoladenseiten« zu sprechen kommen.

Frage:

Wie erklären Sie sich bestimmte Bemerkungen auf den Zeugnissen? Warum haben Sie zum Schulabschluß länger gebraucht (x Jahre statt der üblichen y Jahre)?

Hintergrund: Wie steht's mit Anpassung, Pünktlichkeit und Disziplin (Fehlzeiten, Verspätungen, Krankheit, Sitzenbleiben, Zurückgestelltwerden usw.)? Haben Sie eine plausible Erklärung? Gab es Krisen – was war los mit Ihnen (ggf. zuhause)?

Hinweise: Sie müssen wissen, was Sie sagen, preisgeben wollen, wie Sie mit unangenehmen Fragen umgehen. Beachten Sie auch die Hinweise zu den vorangehenden Fragen. Eine plausible Erklärung könnte z.B. eine persönliche Krise sein (Probleme mit Freund/Freundin/zuhause), die jetzt aber bewältigt und abgeschlossen ist.

Frage:

Wie sind Sie mit Ihren Lehrern ausgekommen, wie mit Ihren Mitschülern?
Hatten Sie ein Amt (Schul-, Klassensprecher usw.)?

Hintergrund: Was für ein Mensch sind Sie? Wie sieht es mit den Aspekten Kontakt- und Teamfähigkeit aus? Hatten Sie Unterstützung oder Feinde? Konnten Sie sich einfügen, einordnen oder waren Sie isoliert, vielleicht sogar ein Querulant? Haben Sie das Vertrauen Ihrer Mitschüler genossen?

Hinweise: Hier gilt es, soziale Kontaktfähigkeit zu dokumentieren und nicht etwa Konflikte oder Zündstoff zu präsentieren, der Ihnen schaden kann (z.B. das von Ihnen einem Lehrer einmal angedrohte juristische Vorgehen wegen einer »Fünf« im Aufsatz ...).

Frage:
Haben Sie den Eindruck, daß die Schule Sie auf das Berufsleben vorbereitet hat?

Hintergrund: Wie gehen Sie mit so einer anspruchsvollen, komplexen Frage um?

Hinweise: Ein kurzes »Ja« oder ein kurzes »Nein« wäre gleichermaßen katastrophal. Wie aus der Erläuterung zum Hintergrund dieser Frage deutlich wird, geht es um Ihre intellektuellen und verbalen Fähigkeiten. Das Thema hätte also auch lauten können: Welche Maßnahmen halten Sie für den Abbau der Jugendarbeitslosigkeit in den neuen Bundesländern für geeignet? Diese Frage provoziert bei zu knapper Beantwortung eine neue Frage in Richtung »Begründen Sie Ihren Standpunkt«.

Frage:
Was würden Sie an Ihrer Schule rückblickend ändern, wenn Sie die Möglichkeit dazu hätten?

Hintergrund: Siehe vorige Frage, aber auch: Wie konservativ bzw. revolutionär sind Sie?

Hinweise: Hüten Sie sich vor der Extremposition alles (sehr viel) ändern zu wollen, aber langweilen Sie auch nicht mit der Antwort, alles beim alten belassen zu wollen.

Für spezielle Personengruppen:
Frage:
Warum haben Sie Ihr Studium abgebrochen?
Warum wollen Sie eigentlich nicht studieren?

Hintergrund: Auseinandersetzung mit schwierigen Themen und Überprüfung Ihrer Reaktion auf unangenehme Fragen. Wie plausibel klingen Ihre Erklärungen?

Hinweise: Bleiben Sie ruhig und gelassen, denn Sie sind ja zum Glück auf solche Fragen vorbereitet und haben sich genau überlegt, was Sie wie sagen, wie Sie begründen wollen. Und da alles so schön überzeugend klingt, weil Sie Ihre Rolle eingeübt haben ... Pluspunkte!

Frage:
Wie gut sind Ihre Sprachkenntnisse?
(Andere Fragen zu besonderen Kenntnissen und Fertigkeiten.)
Haben Sie spezielle (Volkshochschul-)Kurse besucht, sich in Ihrer Freizeit weitergebildet?
Waren Sie schon mal längere Zeit im Ausland?

Hintergrund: Aktives Interesse, Initiative, Erfahrungen, spezielle Qualitäten, Weiterbildungsbereitschaft, Engagement, »Reife«.

Hinweise: Wäre es nicht schön, wenn Sie zu diesen Fragen »ein paar Karten aus dem Ärmel ziehen« könnten? Auch ein vierwöchiger (notfalls einwöchiger) Sprachkurs im Ausland wäre unbedingt erwähnenswert, seien Sie also nicht zu bescheiden-schüchtern.

Frage:
Haben Sie schon mal Einblick in die Berufswelt gehabt, in den Ferien gearbeitet, neben der Schule gejobt, vielleicht sogar ein (Berufs-)Praktikum absolviert? Wenn ja, erzählen Sie doch mal, wie das war ...

Hintergrund: Sind Sie gänzlich unerfahren in Sachen Berufswelt oder haben Sie auch hier schon Ihr Engagement unter Beweis gestellt? Was haben Sie erlebt, und wie bewerten Sie das?

Hinweise: Gut, wenn Sie etwas zu berichten wissen, nur auf das Richtige kommt es an. Wem nichts anderes einfällt, als darüber zu klagen, wie schwer er/sie immer morgens »aus den Federn« gekommen ist, der sägt am eigenen Ast ...

Frage (an den Bewerber):
Berichten Sie über Ihre Bundeswehr- bzw. Ersatzdienstzeit.

Hintergrund: Der gleiche wie bei Fragen nach Schule, Lehrern und Mitschülern.

Hinweise: Wir empfehlen, bloß nicht zu sehr ins Detail gehen oder gar meckern, möglichst schnell zu anderen Themen überleiten, es sei denn, Sie haben mit Freude gedient und jetzt einen Militaristen vor sich (selten) oder mit flammendem Herzen als Zivi geschuftet und Ihr Gesprächspartner ist ein verkappter Sozialarbeiter (auch sehr selten) bzw. Sie bewerben sich gerade um einen entsprechenden Ausbildungsplatz.

4. Persönlicher, familiärer und sozialer Hintergrund

In dieser Gesprächsphase kann man eine Unterteilung der Fragen in vier Bereiche vornehmen:
- Zu Ihrer Person
- Zu Ihrem Elternhaus
- Zu Freizeit, Hobbys und Interessen
- Zu Ihrem erweiterten sozialen Umfeld

Zu Ihrer Person:
Frage:
Erzählen Sie mal etwas über sich, wir wollen Sie kennenlernen!

Hintergrund: Ein umfassender Persönlichkeitstest, der nur eine einzige Frage benötigt. Ein deutlicher Einbruchversuch in Ihre Persönlichkeit. Der Versuch, Ihnen Ihre Maske vom Gesicht zu reißen.

Hinweise: Unvorbereitet auf so eine Frage zu antworten, bedarf vieler Schutzengel. Wer sich darauf nicht unbedingt verlassen will, bereite sich tunlichst gut darauf vor.

Womit fangen Sie an? Mit Ihrem ganz persönlichen, privaten Hintergrund oder mit dem beruflich-schulischen? Erzählen Sie einen Schwank aus Ihrer Kindheit (»Als ich das erste Mal von zuhause weglief ...«), oder berichten Sie, wie Sie in Klausuren/Tests/Klassenarbeiten Ihre Lehrer erfolgreich augetrickst haben.

Es ist wohl klar, daß mit derlei Stories kein Blumentopf zu gewinnen ist. Fangen Sie mit der beruflich-schulischen Ebene an, z.B. wie der Berufswunsch in Ihnen »herangereift« ist.

Frage:
Wie würden Sie sich kurz charakterisieren?
Nennen Sie fünf positive und fünf negative Eigenschaften, die Sie zu haben glauben.
Was war bisher Ihr größter Erfolg, Mißerfolg?

Hintergrund: Persönlichkeitsdiagnostik. Wie stellen Sie sich dar, wie glaubwürdig wirken Sie, was sind wirklich Ihre Stärken und Schwächen?

Hinweise: Vorbereitet sein und mit Gelassenheit fünf positive, aber auch (allerdings nur drei!) negative Eigenschaften darstellen. Es kommt bei Ihren positiven Eigenschaften darauf an, daß Ihr Gegenüber ohne viel

Mühe (aber auch nicht zu plump werden!) einen klaren Bezug zum angestrebten Beruf herstellen kann.

Beispiel Koch-Azubi – positive Eigenschaften: 1. ordentlich, 2. zuverlässig, 3. phantasievoll, 4. geschickt, 5. guter Geruchs- und Geschmackssinn (natürlich dürfen Sie das nicht so einfach auflisten, sondern schön moderat-spontan vortragen).

Die negativen Eigenschaften müssen dagegen recht harmlos sein. Sie beklagen (weiter zum Koch-Azubi-Beispiel), daß Sie leider immer noch nicht Klavier spielen gelernt haben, durch die Motortechnik Ihres neuen Autos noch nicht durchblicken und Ihnen der Tiramisù leider nicht so gut gelingen will wie der Mama ihrer italienischen Freundin. Basta!

∗ *Tierahmissuh – das habe ich noch nie gehört, Frau Voss.*
∗ *Typisch für Sie, Herr Mühsam. Alles Müller, oder was?*

Frage:
Was schätzen Sie an anderen Menschen und was nicht?
Haben Sie Vorbilder? Welche?
Wie stellen Sie sich Ihren idealen Ausbilder vor, auf welche Eigenschaften legen Sie besonders wert?

Hintergrund: Ihre Aussage über andere Personen ist immer auch eine Aussage über Sie selbst. Sie bewundern nicht zufällig eine Charaktereigenschaft bzw. eine andere Person.

Hinweise: Frühere Bewerbergenerationen kamen bei der Frage nach Vorbildern mit Albert Schweizer und John F. Kennedy gut über die Runden. Ob heute Arnold Schwarzenegger, Micky Mouse, Prince, Boris oder Steffi die richtigen Signale setzen, wollen wir nicht bewerten, sondern Ihnen überlasssen … Ihre Skizzierung eines besonders toleranten Ausbilders wird eventuell die Frage provozieren, welche Ihrer Charaktereigenschaften er denn tolerieren soll …

Zum Elternhaus:
Frage:
Erzählen Sie doch mal was von zuhause …

Hintergrund: Aus welchem »Stall« kommen Sie? Sind Sie mit goldenem Löffel im Mund geboren, oder aß jemand aus dem Blechnapf? Haben sich Ihre Eltern geprügelt, haben alle gemeinsam unter dem Weihnachtsbaum fromme Lieder gesungen? Motto: Zeig' mir Dein Elternhaus, und ich sage Dir, wer und wie Du bist ...

Hinweise: Aufgepaßt – gefährliche offene Frage. Risiko: Zuviel preiszugeben von nicht-heiler Welt. Chance: Nett zu plaudern, seine Smalltalk-Fähigkeiten und seine »geordneten Verhältnisse« zu präsentieren. Also vorher überlegen, wie man seine Familie, wenn es denn nun schon sein muß, vorführt.

Frage:
Was machen Ihre Eltern beruflich und wo?
Was sind Ihre Geschwister von Beruf?

Hintergrund: Abchecken der sozialen Verhältnisse. Gibt es Verbindungen zur bzw. Einflüsse auf Ihre Berufswahl?

Hinweise: Genaueres über die Berufstätigkeit der Eltern zu wissen, zeichnet Sie als reifen Berufsanfänger-Kandidaten aus. Aber bitte nicht so: »Mein Alter geht immer frühmorgens zur Arbeit, und abends kommt er meistens voll bis über den Eichstrich nach Hause«. Oder: »Mein Bruder hat gerade im Gefängnis eine Malerlehre angefangen.«

Können Sie ggf. familiäre Vor- oder Leitbilder für Ihre Berufswahl benennen, ist das durchaus positiv (auch Großväter, Onkel, Tanten, Schwager/Schwägerin dürfen herangezogen werden).

Frage:
Sind Sie von Ihren Eltern in Ihrer Berufswahl unterstützt worden?
Haben Sie Anregungen bekommen?
Wie stehen Ihre Eltern zu Ihrer Berufswahl?

Hintergrund: Welchen Einfluß haben Ihre Eltern auf Sie und Ihre Leistungsmotivation?

Hinweise: Natürlich ist es günstiger, wenn es Ihnen gelingt, eine unterstützende häuslichen Atmosphäre »rüberzubringen«, als wenn Sie mitteilen, daß denen zuhause doch eigentlich alles sch ... egal ist.

Frage:
Wie ist das Verhältnis zu Ihren Eltern, Geschwistern?
Machen Sie viel gemeinsam?
Wenn ja, was und wie oft?
Übernehmen Sie auch Aufgaben im elterlichen Haushalt?

Hintergrund: Die familiäre Einbindung, Einordnung, Anpassung und Hilfsbereitschaft. Abchecken des Heile-Welt-Ideals.

Hinweise: Nichts verkomplizieren oder zu sehr problematisieren wegen der zwanghaften Vorstellung, man müsse nun einmal alles ganz genau so schildern, wie es ist (»Wissen Sie, meinen eigentlichen Vater habe ich nie kennengelernt, und mit dem jetzigen Freund meiner Mutter rede ich nun schon seit zwei Jahren nicht. Da hat er mich zum letzten Mal angetatscht!«).

Frage:
Gab es Schwierigkeiten, Auseinandersetzungen mit Ihren Eltern?
In welchen Situationen fiel es Ihnen schwer, zu gehorchen und warum?
Was würden Sie bei Ihren Kindern in der Erziehung anders machen?

Hintergrund: Ausschnüffelei. Suche nach Konfliktpotential, etwa nach dem Motto: Wenn Sie zuhause immer Zoff hatten, haben Sie das an Ihrem Ausbildungsplatz vielleicht auch.

Hinweis: Eine konfliktfreie Pubertät gibt es nicht. Dies ist aber noch lange kein Grund, alle intimen Probleme auszubreiten. Zu gehorchen fiel Ihnen in der Regel nicht schwer. Und Ihre Kinder würden Sie im großen und ganzen fast genau so erziehen, wie Sie erzogen worden sind.

Zu Freizeit, Hobbys, Interessen:
Frage:
Was machen Sie in Ihrer Freizeit?
Haben Sie Hobbys, Interessenschwerpunkte?
Wie lange schon und wie sind Sie dazu gekommen?

Hintergrund: Was für ein (Freizeit-)Mensch sind Sie? So etwa nach der Regel: Sage mir Deine Hobbys, und ich sage Dir wer Du bist. Also – wer hier Video-gucken angibt, hat höchsten in einer Vidiothek eine Chance (möglicherweise selbst da nicht), oder wem auf solche Fragen seine Spielleidenschaft, Casino-Besuche und Roulett in den Sinn kommen, sollte besser nicht in einer Bewerbungssituation als Buchhalter-Azubi sein bzw. seine spontanen Impulse, hier etwas über sich zu erzählen, nochmals gut überprüfen.

Es geht also um die Darstellungsform (sprachlicher Ausdruck, können Sie interessant, überzeugend etwas erzählen?) und darum, ob es bei Ihnen vielleicht Zusammenhänge zwischen Berufswahl und Interessenschwerpunkt gibt.

Hinweise: Was sagt also die angehende Buchhändlerin? Hobbys, na klar: lesen. Und der junge Koch-Azubi-Aspirant: kochen. Alles Müller, oder was? Sehen Sie, eben so einfach ist es auch wieder nicht. Buchhändler-Azubis, deren Hobby Nummer 1 Lesen ist, sind vielen Buchhandlungsinhabern ein Greul. »Sie sollen hier aber Bücher verkaufen und nicht lesen…« ist in etwa die Denke. Natürlich kann der Interessenschwerpunkt bei dieser Azubi- Bewerberin sehr wohl lesen sein, sie sollte sich aber gut überlegen, wem sie das erzählt. Es gibt durchaus noch Buchhändler, die erwarten, daß ihre Azubis Abend für Abend zu Hause sitzen und sich durch sämtliche Neuerscheinungen kämpfen – zwecks besserer Kundenberatung.

Worauf wird geachtet? Aktive oder passive Freizeitgestaltung, sinnvolles Engagement (sozial?), Verantwortungsübernahme, Kontakt mit anderen, Teamfähigkeit und -geist sind so die gängigen Kriterien.

Haben Sie da etwas anzubieten? Überlegen Sie sich genau die Art und Weise Ihrer Performance (etwas mehr und besser als nur ein Vortrag). Schwimmen oder Briefmarkensammeln ist zwar nicht so brilliant, aber wer weiß. Vielleicht sind Sie in einem Verein und trainieren für Olympia, oder Ihr Gegenüber ist passionierter Briefmarkensammler, und Sie beide haben das gleiche Spezialgebiet (West-Afrika). Es kommt eben ein bißchen auf die »Ausschmückung« an. Schach kann sehr beeindrucken, Pfadfinderleiterin für eine Gruppe 10jähriger Ihr Verantwortungsbewußtsein gut unterstreichen und und und…

Nur wenn Sie auf diese Fragen nichts wissen, nichts zu sagen haben, macht das einen etwas traurigen Eindruck. Und damit Sie richtig überzeugen können, wissen Sie eben auch auf die Nachhakfragen (wie lange und wie dazu gekommen?) entsprechendes zu erzählen.

Frage:
Treiben Sie Sport, sind Sie Mitglied in einem Verein?
Gehören Sie einer Organisation oder Gruppe an?
Was machen Sie da?
Haben Sie dort eine besondere Funktion übernommen?
Verbringen Sie Ihre Freizeit lieber vorwiegend allein oder mit anderen?

Hintergrund: Immer noch derselbe. Was für ein Mensch sind Sie, was für eine Persönlichkeit? Mit wem tun Sie etwas zusammen und was und wie und warum? Sind Sie Einzelgänger (und vielleicht schwierig), Gruppen-

Mitläufer (pflegeleicht, unproblematisch) oder Anführer (Anstifter) – und natürlich bei was? Da zählt die Motorradgang nicht ganz soviel wie die Mitgliedschaft im kleinstädtischen Jugendorchester (selbst wenn Sie da nur die Noten tragen helfen).

Hinweise: Hauptsache, Sie können auf die Fragen Ihres Gegenübers etwas erzählen und Interesse an Ihrer Person wecken. Achten Sie darauf, daß Sie nicht ihre politische Grundeinstellung zu sehr heraushängen lassen. Mit diesen und ähnlichen Fragen versucht man gerne, bei Ihnen einzubrechen.

Frage:
Verfolgen Sie das Zeitgeschehen? Wie?
Welche Medien bevorzugen Sie zur Meinungsbildung?
Welche Zeitungen, Zeitschriften lesen Sie?

Hintergrund: Ausleuchtung Ihres Interesses am tagespolitischen Geschehen. Auch hier droht Einbruch und (unzulässige!) Ausforschung Ihrer politischen Einstellung.

Hinweise: Ach, Sie haben gar keine konkrete politische Einstellung und glauben, wo nichts ist, kann man auch nichts holen, kann nicht eingebrochen werden. Wenn Sie sich da mal nicht irren. Enttäuschte Einbrecher richten bisweilen böse Verwüstungen an.

Die Medien- und noch präziser die Zeitungsfrage machen deutlich, worauf es hinausläuft: Steckt ein kluger Kopf dahinter (FAZ), haben Sie ein Herz für Kinder (und einen Kopf für Bild), gucken Sie lieber in die Sterne oder in den Spiegel, haben Sie's lieber Bunt oder Quick … Ihre Antwort wird gewertet werden.

Frage:
Lesen Sie? Gerne?
Welches Buch haben Sie zuletzt gelesen, und was hat Ihnen daran gefallen (oder auch nicht)?

Hintergrund: Immer weiter und tiefer in Sie hinein … Etwas verwertbares wird schon zu finden sein.

Hinweise: Na klar gehören Sie zu den Menschen die lesen (können). Und da Sie sich vorher überlegt haben, was Sie Kluges, Interessantes, Amüsantes, Unterhaltsames antworten wollen, kommt jetzt die große Chance. Also langweilen Sie nicht mit dem »Schatz im Silbersee«. Verblüffen können Sie mit dem »Kapital« oder mit der Zeitschrift »Capital«, aber vielleicht auch mit der Bibel (ob das gut ankommt?). Schillers »Räuber« klingen leider sehr nach Schullektüre, und der letzte Simmel hat nicht mehr ganz so überzeugt. Wie wär's für unpolitische Seelen unter uns mit Wolfram Siebecks neuestem Kochbuch? Demonstrieren Sie Phantasie …

Frage:
Was sehen Sie am liebsten im Fernsehen?
Welchen Film haben Sie zuletzt gesehen?
Was hat Ihnen daran gefallen (mißfallen)?
Was für Veranstaltungen besuchen Sie so gelegentlich?

Hintergrund: Nach wie vor derselbe! Es geht nicht nur darum, was Sie wirklich machen, sondern ob Sie wissen, was man von Ihnen erwartet und inwieweit Sie dieser Erwartung auch (wenigstens) sprachlich gerecht werden.

Hinweise: Wetten, daß … Panorama nicht so gut ankommt (und wenn schon kritisch, dann höchstens Report München!).

Wären Sie bei der Frage nach Veranstaltungsbesuchen auf Theater, Konzert, schlimmstenfalls auf Pop-Rock und Sport-Besuche gekommen? Sie könnten aber auch mit Kunst-, Floh-, Wohltätigkeitsmärkten und Basaren argumentieren.

Erweitertes soziales Umfeld:
Frage:
Erzählen Sie uns doch bitte einmal etwas über Ihre Freunde!
Sie haben doch Freunde, oder?

Hintergrund: Wer würde hier nicht sofort bereitwilligst den Beweis antreten wollen und erzählen. Sollen Sie ja auch, nur auf das Wie und Was kommt es an. Denn was lehrt uns das Sprichwort: Zeige mir Deine Freunde, und ich sage Dir wer Du bist. Kommt Ihnen doch auch schon irgendwie bekannt vor. Und in der Tat, es geht weiter in der (Persönlichkeits-)Einbruchsserie.

Hinweise: Sei schlauer als der Klauer, rät uns die Kriminalpolizei, unsere Freunde und Helfer. Im Grunde gilt die gleiche Verhaltensregel wie bei Fragen nach den Eltern, Geschwistern, Lehrern und Mitschülern. Wer hier erzählt (um mal wieder so richtig zu übertreiben), daß sein Kumpel wohl 'ne Lehre im Jugendknast machen wird, weil er bei der letzten Mofa-Rallye die Maschinen irgendwie verwechselt haben muß – es war jedenfalls nicht seine, auf der er saß, als die Polente anrückte..., zeichnet ein »schönes (Persönlichkeits-)Bild« von sich.

Frage:
Haben Sie einen Freund/eine Freundin (gedacht und gemeint: in Richtung Sexual-/Lebens-Partner)?

Hintergrund: (Unzulässige) Neugierde, den »Reifegrad« diagnostizierend.

Hinweise: nimmt jede Polizeidienstelle entgegen. Spaß beiseite – hier werden die Grenzen (Sitte und Anstand) so schamlos überschritten, daß Sie sich gut überlegen sollten, ob Sie wirklich einen Ausbildungsplatz bei diesem Arbeitgeber haben wollen? Sie können mit Recht die Antwort verweigern oder vielleicht besser: lügen (siehe dazu S. 132).

Frage:
Haben Sie schon mal Probleme mit Ihren Freunden gehabt, und wie sind Sie damit umgegangen?

Hintergrund: Konfliktlösungs-Verhalten (aktiv, passiv, konstruktiv oder depressiv?).

Hinweise: Es kommt darauf an, zu zeigen, daß man in Konfliktsituationen gesprächsbereit bleibt und auch fähig zur Selbstkritik ist.

Frage:
Wie stellen Sie sich Ihre Zukunft vor?
Wollen Sie heiraten, eine Familie gründen?

Hintergrund: Passen Sie in den »gängigen gut-bürgerlichen Rahmen«? Haben Sie eine Zukunftsplanung?

Hinweise: Hier brauchen Sie nicht wirklich Ihre privaten Zukunftsvorstellungen zu offenbaren, machen Sie es sich und Ihrem Gegenüber unkompliziert. Verweisen Sie darauf, daß zunächst einmal der Berufseintritt ganz und gar im Vordergrund steht. Vermeiden Sie Extrempositionen wie »Heiraten und Kinder kommen für mich nicht in Frage«. Das provoziert Fragen und Mißtrauen.

5. Gesundheitszustand

Frage:
Sind Sie gesund?
Waren Sie schon einmal krank?

Hintergrund: Sind Sie ein gesunder, im Berufsleben einsatzfähiger Mensch bzw. Mitarbeiter, oder ist mit krankheitsbedingten Fehlzeiten zu rechnen?

Hinweise: Der Arbeitgeber darf sich nur nach aktuellen Erkrankungen erkundigen, die die berufliche Leistungsfähigkeit einschränken (steifer Arm/Maler). Hier werden sehr häufig die zulässigen Grenzen überschritten – also aufgepaßt! Sollten Sie Zweifel haben, ob Sie ganz gesund sind, fragen Sie Ihren Arzt, aber lassen Sie keine Zweifel im Vorstellungsgespräch aufkommen. Bagatellerkrankungen, auch ein kleinerer Heuschnupfen, gehen den Arbeitgeber nichts an. Motto: Schonen Sie Ihr Gegenüber, lassen Sie ihn nicht an Ihrem Gesundheitszustand zweifeln.

Frage:
Gibt es gesundheitliche Beeinträchtigungen bei Ihrer beruflichen Leistungsfähigkeit?

Hintergrund: wie eben beschrieben.

Hinweise: Wer unter einem massiven Bandscheibenvorfall leidet und ärztlicherseits empfohlen bekommen hat, nicht zu lange zu sitzen, wäre z.B. als Azubi-Sekretärin einem besonderen Risiko ausgesetzt. Hier stehen Berufswunsch und Gesundheitszustand in ungünstiger Relation. Wer aber nur mal gelegentlich Rückenschmerzen hat, sollte seinen potentiellen Arbeitgeber in der Auswahlentscheidung nicht verunsichern.

Frage:
Waren Sie im letzten Jahr mehr als zweimal beim Arzt?
Haben Sie einen Hausarzt?

Hintergrund: Fangfragen zur Überprüfung des Gesunheitszustandes -im Hinblick auf die vom Arbeitgeber befürchteten häufigen Fehlzeiten.

Hinweise: Achtung aufgepaßt – nicht (ver-)plappern. Das sind üble Rhetoriktricks, auf die man nicht hereinfallen darf.

6. Test- und Prüfungsfragen

Frage:
Wie hat Ihnen das bisherige Auswahlverfahren gefallen?
Wie sind Sie damit klargekommen?
Wo glauben Sie, haben Sie gut bzw. schlecht abgeschnitten?
Haben Sie dafür Erklärungen?
Wie würden Sie für den Ausbildungsplatz des ... ein Auswahlverfahren gestalten?

Hintergrund: Selbsteinschätzung, -sicherheit und -wertgefühl. Wie gehen Sie mit diesen schwierigen Fragen um, wie setzten Sie sich damit auseinander? Ansatzweise: Problemlösungsverhalten, (zu starkes) Kritikpotential?

Hinweise: Das ist nicht der Moment, groß abzurechnen. Also vorsichtig mit Kritik an den Auswahlverfahren. Versuchen Sie bei der Selbsteinschätzung eine optimistische Grundhaltung zu dokumentieren. Wenn Sie nicht Stärken hätten, die Ihren potentiellen Arbeitgeber interessieren, wären Sie nicht zum Vorstellungsgespräch eingeladen worden.

Frage:
Haben Sie sich auf den Test/auf das Vorstellungsgespräch vorbereitet?
Wenn ja, womit?
Haben Sie dazu ›einschlägige‹ Literatur gelesen?
Was halten Sie davon?

Hintergrund: Umgang mit schwierigen und peinlichen Themen. Überprüfung der Glaubwürdigkeit. Wie ziehen Sie sich aus der Affaire?

Hinweise: Achtung Lügenfalle. Cool wie die Tagesschau bleiben! Sich vorzubereiten ist clever und richtig. Es unterstreicht Ihre Motivation, Ihr echtes Interesse. Das bedeutet noch lange nicht, eingestehen zu müssen, Sie haben Hesse/Schrader: Testtraining für Ausbildungsplatzsucher, Teil I + II intensiv durchgearbeitet und das noch mit dem »Neuen Test-Trainings-Programm«, den »Testaufgaben« und »Erlebnissen aus 1001 Bewerbung« komplettiert.

Geben Sie gelassen zu, sich vorbereitet zu haben. Erst auf präzise Nachfrage, wenn es nicht anders geht, Buchtitel nennen. Unsere Namen und Bücher sind auch den Personalchefs gut bekannt. Zwar schätzen viele Personalchefs unsere Bücher ganz und gar nicht – wer läßt sich schon gerne sagen, daß seine angewendeten Testmethoden absurd an Berufsanforderungen vorbeigehen? –, aber unter der Hand kriegen wir oft von dieser Seite zu hören: »Wenn ich sehe, daß sich ein Bewerber mit den Hesse/Schrader-Büchern gut vorbereitet hat und er keinen schlechten Eindruck auf mich macht, nehme ich ihn sehr gerne, weiß ich doch, dieser Bewerber ist wirklich motiviert.«

Zu Allgemeinwissen / Zeitgeschehen

Frage:

Welches Thema steht in der aktuellen Außenpolitik (oder auch Innen- und Wirtschaftspolitik) z.Z. im Vordergrund?
Was halten Sie von ...?

Hintergrund: Verfolgen Sie das aktuelle Tagesgeschehen? Wie informiert sind Sie? Können Sie mitreden? Wie sieht es mit Ihrem Allgemeinwissen aus?

Hinweise: Die Häufigkeit dieser bzw. ähnlicher Fragen macht auf die Notwendigkeit aufmerksam, sich bereits geraume Zeit vor der Bewerbung in den gängigen Medien über die aktuelle Innen-, Außen- und Wirtschaftspolitik zu informieren (empfehlenswerte Printmedien u. a.: FAZ, FR, SZ, Die Zeit, Der Spiegel, Wirtschaftswoche, Handelsblatt). Aufgepaßt: An dieser Stelle besteht die Gefahr einer unzulässigen Ausforschung Ihrer politischen Meinung!

Zu speziellen berufsbezogenen Kenntnissen

Frage:

Seit wann gibt es ... (z.B. – bei einer entsprechenden Bewerbung: die Polizei / den Zoll / die Feuerwehr)?
Seit wann gibt es ... (z.B. – bei einer Bankbewerbung: Geld)?
Kennen Sie berühmte Berufsvertreter? Sagen Ihnen die Namen ... etwas?
Benennen Sie wichtige Arbeitsinstrumente und -vorgänge aus dem Beruf der/des ...
Wie funktioniert der/die/das ...?

Hintergrund: Zeigen Sie ein tiefergehendes Interesse für den angestrebten Beruf? Wie intensiv haben Sie sich vorbereitet?

Hinweise: Vorbereitung zahlt sich aus. Beachten Sie auch vorab gegebene (z.T. auch in schriftlicher Form zugesandte) Informationen. Diese werden bisweilen quasi wie bei einem Gedächtnistest wieder abgefragt.

Fragen zu Problemlösungen aus dem zukünftigen Arbeitsgebiet
Frage:
Beispiel Bankkaufmann: Was ist alles bei der Vergabe eines Kredites zu beachten?
Beispiel Verlagskaufmann: Wie würden Sie vorgehen, um die Zahl der Abonnenten unserer Zeitung zu vergrößern?
Beispiel Reiseverkehrskaufmann: Wenige Minuten vor Geschäftsschluß kommt eine alte Dame herein und sagt, sie wolle verreisen. Eigentlich haben Sie eine feste Verabredung nach Feierabend und wollen pünktlich los. Wie gehen Sie in dieser Situation vor?

Hintergrund: Fachwissen, Kreativität, Arbeitstugenden, Problemlöseverhalten, »Anstelligkeit«.

Hinweise: Ein gewisses Maß an Vorinformation und etwas Phantasie sollten Sie schon haben, was Ihren zukünftigen Beruf angeht.

7. Informationen für den Bewerber

Keine Fragen, sondern ein Vortrag: In dieser Phase des Vorstellungsgespräches gibt Ihnen Ihr Gegenüber Informationen über Unternehmen/Institution, über den Ausbildungsgang, den Beruf usw.

Hintergrund: Selbstdarstellungslust, Imagepflege, evtl. Vorbereitung für einen noch folgenden Konzentrations- und Gedächtnistest.

Hinweise: Hören Sie aufmerksam zu, unterbrechen Sie nicht leichtfertig, machen Sie einen interessierten Eindruck und sammeln Sie so auf leichte Weise Sympathiepunkte.

Die Informationen für den Bewerber können auch mehr am Anfang des Gespräches stehen. Dann haben sie die Funktion, das Gespräch einzuleiten, die Aufregung des Bewerbers abzubauen, möglicherweise aber auch den Gedächtnistest noch schwerer zu machen (tauchen plötzlich als Test- und Prüfungsfragen später wieder auf!).

8. Fragen des Bewerbers

Fast in jedem Vorstellungsgespräch gibt es den Rollenwechsel, daß plötzlich Sie fragen dürfen und Ihr Gesprächspartner antwortet.

Hintergrund: An klugen Fragen erkennt man »einen klugen Kopf«. Ihre Fragen werden hinterfragt, also auf Sinngehalt und aktives Interesse überprüft.

Hinweise: Wenn Sie als erstes fragen, wieviel Urlaub Sie denn bekommen, »malen« Sie ein Bild von sich, das dem gängigen Leistungsideal ganz und gar nicht entspricht. Sollten Sie auf die Idee kommen, Ihr Gegenüber zu fragen, ob er/sie verheiratet ist und wie lange er/sie noch gedenkt, bei der Firma zu arbeiten, wird dies gelinde gesagt auf Unverständnis stoßen. Falls Sie die Frage bewegt, ob man denn jeden Tag pünktlich auf die Minute an seinem Arbeitsplatz sein muß oder vielleicht die Sorge, daß am Freitag nicht um 14.30 Uhr Feierabend sein könnte, seien Sie gewarnt.

Mit anderen Worten: Man kann nicht alles fragen! Auch für diese Phase des Vorstellungsgesprächs gibt es strenge Regeln.

Fragenbeispiele:
- Wie ist die Ausbildung geplant und organisiert?
- Wie sieht mein Arbeitsplatz konkret aus?
- Ist ein Kennenlernen des gesamten Betriebes während der Ausbildungszeit möglich?
- Wie viele Auszubildende hat der Betrieb, und wieviel werden in diesem Jahr neu eingestellt?
- Wie viele Auszubildende werden nach Beendigung der Lehre von dem Betrieb (der Institution) übernommen?
- Wo findet der Berufsschulunterricht statt, und wie sehen Unterricht und Lehrpläne aus?
- Was bieten Sie für Weiterbildungsmöglichkeiten in Ihrem Betrieb an?

Ggf. weitere Fragen zu Arbeitseinsatz, -zeit, -bezahlung (außertariflich).

Hier lassen sich noch eine ganze Menge kluger Fragen entwickeln. Strengen Sie sich selbst an, seien Sie ein bißchen kreativ. In der Regel reicht es, etwa drei Fragen vorbereitet zu haben.

9. Abschluß des Gesprächs und Verabschiedung

Frage:
Warum sollten wir gerade Ihnen den Ausbildungsplatz geben?
Können Sie bitte noch einmal kurz zusammenfassen, was Ihre Stärken, aber auch Ihre Schwächen sind?

Hintergrund: Wie auch in der Gesprächsphase 4 (Zu Ihrer Person) erläutert, geht es um positive wie negative Eigenschaften, die Sie charakterisieren und die vor allem in einem Bezug zum angestrebten Ausbildungsplatz stehen sollten.

Hinweise: Diese Aufforderung können Sie gut benutzen, um noch einmal die wichtigten Argumente für Sie und Ihre Bewerbung zusammenfassend vorzutragen (im Stil etwa: 1. ..., 2. ..., 3. ...). Negative Argumente fallen Ihnen nicht ein bzw. überlassen Sie Ihrem Gesprächspartner.

Vielleicht kommt an dieser Stelle die Frage, ob und wie Sie sich vorbereitet haben (siehe dazu Abschnitt 6, S. 113).

Sie können davon ausgehen, daß man Ihnen mehr oder minder intensiv für Ihr Interesse an der Firma/Institution dankt, sich über Ihren Besuch und die Bewerbung erfreut zeigt und Sie nett »herauskomplimentiert«.

Vielleicht erfahren Sie etwas über den weiteren Ablauf der Auswahlprozedur, wenn nicht, sollten Sie unbedingt selbst darauf zu sprechen kommen. In etwa so: »Können Sie mir bitte sagen, wie es jetzt in dem Entscheidungsprozeß bei der Vergabe der Ausbildungsplätze weitergeht und wann ich mit einer Nachricht Ihrerseits rechnen kann?« (Wenn Sie das allerdings genau so wörtlich formulieren, wird man Ihnen schnell vorhalten, daß Sie sich wohl mit diesem Buch vorbereitet hätten!)

Hintergrund ist die Intention des Personalchefs, allerletzte Informationen mit einem »angenehmen Abgang« zu verknüpfen.

Hinweise: Be prepared. Keep smiling. Beim Hinausgehen vor der Bürotür die Cointenance (Fassung) bewahren. Die Tür nicht knallen, nicht erleichtert aufatmen (und wenn, ganz leise), keine Flüche, keine Tränen ...

Gesprächsführung und Gesprächspsychologie

Einzel- oder Gruppengespräch

Halten wir noch einmal fest: Im Vorstellungsgespräch geht es dem Arbeit- bzw. Ausbildungsplatzgeber darum, persönliche und anforderungsbezogene Eignungsmerkmale des Bewerbers festzustellen. Die bisherigen Informationen aus Bewerbungsunterlagen und Testergebnissen sollen ergänzt werden durch einen persönlichen Eindruck, den man im Vorstellungsgespräch vom Bewerber erhalten möchte.

Nach dem Bewerbungsanschreiben und Testergebnis will man den Bewerber nun selbst »in Augenschein« nehmen. Die Ausprägung von Persönlichkeitszügen und Eigenschaften wie Leistungsbereitschaft und -motivation, Anpassungsfähigkeit und Einordnungsbereitschaft wird unter die Lupe genommen. Dabei achtet man besonders auch auf äußere Merkmale wie Aussehen, Kleidung, Auftreten, Umgangsformen und das sprachliche Ausdrucksvermögen.

Bei Vorstellungsgesprächen ist zu unterscheiden zwischen Einzel- und Gruppengesprächen. Die Gesprächsdauer ist unterschiedlich und schwankt je nach insgesamt zu bewältigender Bewerberanzahl zwischen 20 und etwa 45 Minuten. Sie ist auch abhängig von der Mühe, die der Auswähler aufwenden will. Dieser ungefähre Zeitrahmen gilt sowohl für Einzel- als auch für Gruppengespräche, die selten länger als eine Stunde dauern.

Unter der klassischen Vorstellungsgesprächssituation stellt man sich ein Vier-Augen-Gespräch vor: Ein Ausbilder (Personalchef) und ein Bewerber sitzen sich gegenüber.

Vorstellbar – und durchaus nicht untypisch – ist aber auch eine andere Situation: Der einzelne Bewerber sitzt zwei oder mehr Personen gegenüber, einem Auswahlgremium (z.B. der Meister und seine Frau, Personalchef und Ausbildungsleiter, mehrere Personalreferenten, Betriebsrats-Mitglieder, Ausbildungsleiter, manchmal sogar Auszubildende zwischen dem ersten und dritten Lehrjahr).

Ist es in der Bewerbungssituation vielleicht gerade noch erträglich, zwei Leuten gegenüberzusitzen (die klassische Vater-Mutter-Kind-Konstellation), wird es ungemütlich, wenn man mit einem Vierer- oder Mehrpersonengremium konfrontiert ist.

Bleiben Sie trotzdem gelassen. Möglicherweise fällt Ihnen schnell auf, daß bei einem z.B. aus drei Personen bestehenden Auswahlgremium ein Gesprächspartner Sie besonders freundlich behandelt, ein weiterer recht »böse« mit Ihnen umgeht und der dritte Sie ständig beobachtet, Notizen macht und ansonsten schweigt. Diese Rollenverteilung ist kein Zufall. Sie ist sorgfältig vorbereitet und abgesprochen. Hier will man Ihnen ganz besonders »auf den Zahn fühlen«. Ertragen Sie es mit Ruhe und Gelassenheit. Versuchen Sie, möglichst zu allen – vor allem zu dem »freundlichen« Gesprächspartner – einen guten Kontakt aufzubauen (Blickkontakt, ansprechen, lächeln).

Denkbar ist aber auch eine Konstellation, bei der mehrere Bewerber einem Auswahlgremium gegenübersitzen. Das können drei Bewerber sein, die drei Personalmenschen vor sich haben, es können aber auch zehn und mehr Bewerber sein, gegenüber fünf oder sechs Auswählern.

Sollten Sie in einer Bewerbergruppe antreten müssen, bietet Ihnen das den Vorteil, von der Präsentationstechnik Ihrer Mitbewerber zu profitieren. In der Regel beginnt so ein Gruppen-Vorstellungsgespräch mit der freundlichen Aufforderung, jeder möge sich zunächst einmal kurz vorstellen. Manchmal wird an die Vorstellung eine zusätzliche Aufforderung geknüpft (z.B.: »Stellen Sie sich bitte vor und erzählen Sie uns, mit welchen Gefühlen Sie heute morgen hierher gekommen sind.«).

Hintergrund dieser Gruppenvorstellung ist der Wunsch, die Bewerber direkt miteinander vergleichen zu können, sie in eine gewisse Konkurrenzsituation zu versetzen und dadurch etwas besonderes geboten zu bekommen.

Wer hier als Bewerber den Anfang macht oder »Schlußlicht« ist, hat es deutlich schwerer als alle anderen. Positionen im ersten oder im letzten Drittel bieten bessere Chancen. Am Anfang ist die Aufnahme- und Zuhörbereitschaft des Auswahlgremiums höher. Gegen Ende hat man die Chance, durch einen Beitrag, der sich von den bisherigen angenehm unterscheidet, Aufmerksamkeit und Kurzzeitgedächtnis der Auswähler zu erobern.

Für die Unglücklichen, die die Rolle des Alpha- oder Omega-Huhnes (Anfang und Ende) wahrnehmen müssen …

∗ *Gut, daß Sie dieses Buch haben, das Ihnen selbst in so einer beschissenen Lage aus der Klemme hilft.*
– Richtig, richtig.

… gilt unsere Empfehlung: Sprechen Sie das Problem der Anfangs- bzw. Endposition humorvoll an (»Einer muß ja den Anfang machen, ich will mich nicht in den Vordergrund drängen, aber …« / »Den letzten beißen die Hunde, aber einer muß ja Schlußlicht sein …«). Wenn es Ihnen gelingt, Schmunzler oder sogar Lacher auf sich zu ziehen, sammeln Sie Pluspunkte.

Die Moral von der Geschicht': Bei der Vorstellung in diesem Theater gibt es keine schlechten Plätze.

Während der Gruppen-Vorstellung können Sie fast immer den Versuch verschiedener Bewerber beobachten, sich in den Vordergrund zu spielen, um sich zu profilieren. Dies geschickt zu machen, ist eine Kunst, die nur wenige Bewerber beherrschen. Es ist nicht unbedingt von Nachteil, hier eher eine gewisse Zurückhaltung zu zeigen, ohne allerdings in das andere Extrem des »stummen Fisches« zu verfallen.

Der Auswählergruppe geht es unter anderem darum, die soziale Interaktion, das Miteinander-Umgehen der Bewerber, zu beobachten. Hieraus werden verschiedene Rückschlüsse gezogen, z.B. auf Teamfähigkeit, Durchsetzungsvermögen, Anpassungsbereitschaft usw.
Bisweilen ergeht sogar die Aufforderung an die Bewerber, in dieser Gruppe ein Thema gemeinsam zu diskutieren:

Gruppendiskussion

Die Gruppendiskussion könnte man als eine Sonderform des Gruppen-Vorstellungsgespräches bezeichnen. Aufgabe ist es, ein vom Auswahlgremium vorgegebenes oder ein von der Gruppe selbst gewähltes Thema zu diskutieren.

Eins ist klar: Es handelt sich eindeutig um eine mündliche Testsituaton, in der nicht nur das sprachliche Ausdrucksvermögen überprüft wird. Mindestens genauso wichtig ist ihr Sozialverhalten den Gruppenmitgliedern gegenüber und möglicherweise Ihr Standpunkt zum diskutierten Thema.

Hier zunächst einmal eine kleine Themenübersicht:

- Wie kann man die Freizeit sinnvoll gestalten?
- Ist Umweltschutz wirklich so wichtig?
- Könnten Sie sich vorstellen, daß Firmen aus eigenem Engagement etwas für den Umweltschutz tun?
- Bereitet die Schule auf das Berufsleben vor?
- Ist die hohe Bezahlung von Spitzensportlern gerechtfertigt?
- Die politische Meinungsbildung
- Freie Bahn dem Tüchtigen
- Pro und kontra Aids-Meldepflicht
- Ist Führung notwendig?
- Wie beurteilen Sie die Sprichwörter »Arbeit macht das Leben süß« und »Arbeit ist des Lebens Würze«?
- Frauen in Männerberufen
- Sollte man Ausländern das Kommunalwahlrecht zugestehen?
- Rauchverbot am Arbeitsplatz durch Gesetzesbeschluß?

Der Themenvorrat ist unerschöpflich. Bisweilen werden aktuelle gesellschaftsrelevante Themen eingesetzt, wie sie z.B. häufig vorher als SPIEGEL-Titelgeschichte zu lesen waren.

Über den Ablauf einer Gruppendiskussion berichtet uns ein Teilnehmer:

In meiner Gruppe waren wir acht Bewerber, die von zwei Psychologen der Personalabteilung beobachtet wurden. Das erste Thema wurde uns von dem leitenden

Psychologen vorgegeben: »Individuelle Freiheit oder kollektiver Zwang – Rauchen oder Rauchverbot«. Nur mühsam kamen wir nacheinander mit Diskussionsbeiträgen heraus. Die Beobachter machten sich eifrigst Notizen. Die ganze Atmosphäre war furchtbar angespannt, und die Diskussion wirkte auf mich total gekünstelt. Letztendlich wurde ein Teilnehmer immer aktiver und übernahm halbherzig die Diskussionsleitung.

Nach etwa 15 bis 20 Minuten gingen uns die ohnehin schon recht spärlichen Argumente zu diesem Thema aus, und eine lange Schweigepause trat ein. Ich habe mich selten so unwohl gefühlt. Nach einer ganzen Weile fragte ein Teilnehmer den einen Psychologen, ob denn nun endlich die Diskussionsaufgabe als beendet angesehen werden könnte. Der war so perplex, daß er erst mal schwieg. Als er sich gefangen hatte, schlug er eine neue Vorgehensweise vor. Wir sollten uns innerhalb unserer Gruppe auf einen Diskussionsleiter einigen. Dieser durfte von einer Liste ein Thema auswählen und die Diskussionsleitung übernehmen. Nach etwa 15 Minuten Diskussion hatte ein anderer Teilnehmer die Aufgabe, die verschiedenen Beiträge zusammenzufassen und das Ergebnis zu präsentieren. Danach wurden ein neuer Leiter und jemand, der das Ergebnis zusammenzufassen hatte, bestimmt.

Was sind die generellen Beobachtungs- und Beurteilungskriterien bei Gruppendiskussionen? Worauf achten die Beobachter? Was wird protokolliert bzw. auf speziellen Checklisten festgehalten und bewertet?

Hier eine Übersicht:

Das allgemeine Auftreten
- äußeres Erscheinungsbild
- Umgangsformen

Das Verhalten in der Gruppe
- sprachliches Ausdrucksvermögen
- Vertreten und Begründen der eigenen Meinung
- Sachbezogneheit
- Einfallsreichtum
- Analysefähigkeit
- Auffassungsgabe
- Aufnahmebereitschaft
- Engagement
- Aufgeschlossenheit
- aktives und passives Zuhören
- emotionale Stabilität
- deutlich ausgeprägte Dominanz- oder Unterordnungsbereitschaft
- Teamgeist/Kooperationsfähigkeit und -bereitschaft

Nun noch einige wichtige Stichworte in Form eines kleinen Leitfadens zum generellen Verhalten in Gruppendiskussionen und zur besonderen Rolle des Diskussionsleiters:

Generelle Verhaltenstips

Äußeres
- ausgeruht und gelassen wirken
- gepflegtes Äußeres
- sich freundlich, höflich, natürlich und ungezwungen geben
- weder innere noch äußere Verkrampfung

Allgemeinverhalten
- freundlich, verständnisvoll, einfühlend, hilfsbereit, rücksichtsvoll
- bereit sein zu Kompromissen
- andere ernst nehmen
- zuhören können
- Sympathie zeigen

Allgemeines Diskussionsverhalten
- sicher auftreten, Meinung vertreten, selbstsicher geben (nur bedingt nachgiebig gegenüber Einwänden,
  aber: Aufgeschlossenheit zeigen, keinen Starrsinn)
- Anwesende mit Namen ansprechen
- keine deplazierten Bemerkungen oder Fragen
- keine Monologe, knappe und präzise Beiträge
- oberflächliche oder fehlerhafte Argumentation reflektieren
- auf andere eingehen, eigene Interessen zurückstellen können

Sprachverhalten
- knapp, präzise (keine Ausschweifungen, Nebensächlichkeiten)
- keine Superlative
- möglichst kein Räuspern, keine »Ähs«
- Vermeidung von Füllwörtern (sicherlich, letztlich etc.)
- deutliche Aussprache, mittlere Lautstärke, in die Runde schauen, Gesprächspartner ansehen

Achtung: Primär geht es hier um Ihre Kommunikationsfähigkeit und Ihr Sozialverhalten, Ihre Kompetenz im Umgang mit den anderen – also in Sachen »human relations«, erst in zweiter Linie ist das Thema und Ihre inhaltliche Argumentation interessant.

Beachten Sie bitte folgende zusätzliche allgemeine Verhaltensregeln:

- den jeweiligen Sprecher anschauen
- deutliche Aufmerksamkeit signalisieren
- stets kontrollierte Reaktionen; keine Nervosität
- gedämpftes (angemessenes) Engagement

- deutlich und ruhig sprechen
- freundliches Interesse zeigen
- sachliche, weitestgehend affektfreie Argumentation; alles vermeiden, was die Gesprächsharmonie unnötig stören könnte
- auf Argumente eingehen und sie konstruktiv weiterentwickeln
- sich nicht in den Vordergrund spielen
- sich nicht zu sehr zurück- und heraushalten
- kein Sarkasmus, keine Ironie, keine Herabsetzung
- auf ausgeglichene Rollenverteilung achten (z.B. nicht bei allen Themen Kontra-Beiträge – Gefahr des Nörglers/Miesmachers)
- die aufgeworfenen Fragen loben (»wichtig / bemerkenswert« und ähnliche Prädikate)
- Mängel offen zugeben (»Du« – falls Sie per Du in der Bewerberrunde sind! – »bist da auf einen heiklen Punkt gestoßen!«)
- Bedenken Sie: Sie müssen nicht immer alles (besser) wissen und versuchen, Patentrezepte und -lösungen zu verteilen
- auch mal die eigene Meinung zur Diskussion stellen (»Mich würde interessieren, wie Du/Ihr darüber denkst/denkt!« u.ä.)

Für kritische, konfrontative Situationen in der Diskussionsrunde geben wir Ihnen folgende Tips (was machen Sie, wenn es zu … kommt?):

- »Schockpause« nach plötzlichem Angriff gegen Ihre Argumentation, z.B. durch ein gutes Argument, durch Bezweifeln der Richtigkeit Ihrer Aussage oder gar durch Herabsetzung
  Gegenstrategie: Angriff aufgliedern oder differenzieren; achten Sie auf Sachbezogenheit (nur nicht emotional zurüchschlagen!)
- Verunsicherung durch direkte oder indirekte Angriffe gegen Ihre Person, gegen persönliche Eigenschaften oder Meinungen von Ihnen
  Gegenstrategie: Hervorheben der Partnerrolle, Gemeinsamkeit der Situation unterstreichen, auf das sachliche Thema zurückleiten, ruhig bleiben, nicht provozieren lassen, bei anderen Unterstützung suchen (»Seid Ihr denn alle der Meinung, daß …«), Gespräch weiter bringen
- Allgemeine Verteidigungsregeln:
  Wird die horizontale Rollenverteilung gestört, z.B. durch Vertikalisierung in der Beziehung Angreifer – Verteidiger (letzterer trägt immer die Last der Rechtfertigung!) gilt:
  a) Hervorheben der Partnerschaft, Gemeinsamkeiten unterstreichen, möglicherweise Problem umformulieren; auf den Standpunkt des Verstehenden und Mitfühlenden stellen; um einen Lösungsvorschlag bitten; das »Wir« als Ansprechform wählen (aber: Anbiederung vermeiden!)
  Zweck: der Gesprächsgegner wird zum Gesprächspartner
  Merke: nicht anwenden, wenn das »Partnerschaftsangebot« vermutlich abgelehnt wird
  b) Angriff aufgliedern oder differenzieren, z.B. nach Wichtigkeit der Punkte, Leichtigkeit der Klärungsmöglichkeiten, Reihenfolge der Merkmale
  Zweck: Schockpause wird vermieden, Angriffssituation wird im Gesprächsfluß aufgelöst, man kann Ergänzungen vornehmen oder die Argumente in neue Zusammenhänge stellen (Vorbereitung und Erleichterung der eigenen Argumentation)

Merke: einzusetzen, wenn der Angriff sehr massiv vorgetragen wird oder der Partner sehr erregt ist.

Sollten Sie vor die Aufgabe gestellt werden, die Diskussionsleitung übernehmen zu müssen, empfehlen wir Ihnen folgende Strategien:

1. Einleitung

- Hinführung zum Thema; allgemeine Problemskizze entwickeln
- versuchen, auf einen oder zwei Themenaspekte festzulegen (»Darf ich Ihr/Euer Einverständnis voraussetzen, wenn wir . . . ?«)
- Delegation der Gesprächskompetenz
  a) Frage als Diskussionsanreiz:
  »Wie ist Ihre/Eure Erfahrung?«
  »Was sollte geschehen?«
  »Welche Möglichkeiten sehen Sie . . . ?«
  b) These zur Diskussion stellen, evtl. in Frageform:
  »Sind Sie auch der Ansicht, daß . . . ?«

2. Verlaufsregelung

- öfters versuchen, Beiträge in eine prägnante Aussage zu fassen und als These weiterzugeben; evtl. Zielfrage anfügen: »Wollen wir uns auf diesen Punkt konzentrieren?« / »Ist es nicht wirklich besser, wenn wir . . . ?«
- möglichst keine Parteinahme; sich widersprechende Beiträge als Widersprüche stehenlassen; alle Beiträge und Positionen »sind interessant . . . « / »überlegenswert . . . « / »nachdenkenswert . . . « usw.
- ausgeglichene Rollenverteilung herstellen, auch stillere Diskussionsteilnehmer einbeziehen
- sich einschalten, wenn »Schockpausen« eintreten (Differenzierung, Hervorheben des Positiven etc.)
- häufig positive Verstärkung geben (»Ein interessanter Gesichtspunkt« / »Das scheint mir ein außerordentlich wichtiger Aspekt« / »Gut, daß Sie darauf eingehen!« etc.)
- deutliches Interesse für die Beiträge zeigen (»Ich habe auch schon überlegt, ob möglicherweise . . . «, / »Ich glaube, es lohnt sich ganz gewiß, noch mehr darüber zu wissen/zu sagen/nachzudenken« etc.)

3. Ausklang

- Vorschlag: »Vielen Dank für Ihre/Eure Diskussionsbeiträge, die ich persönlich sehr interessant fand. Sie haben uns die Vielschichtigkeit des Themas X deutlich gemacht, auch wenn einige wichtige Aspekte wegen der Kürze der Zeit nicht ausreichend behandelt werden konnten . . . «

Zusammenfassung

- moderate Form der Teilnahme an der Diskussion
- wenn überhaupt: nur das Nötigste notieren
- gestraffte Skizze der wesentlichsten Aussagen, u.U. in Form einer Polarisierung; Gegensätze und Gemeinsamkeiten scharf zeichnen
- offen gebliebene Problemansätze als Ausblick thematisieren

Gruppendiskussionen kennen Sie gut aus dem Schulunterricht. Auch wenn Sie Ihre Klassenkameraden und den Lehrer besser einschätzen können als die Mitbewerber, gibt es doch viele Parallelen. Um sich optimal vorzubereiten, sollten Sie einmal mit Mitschülern eine Gruppendiskussion in einem Rollenspiel durchproben. Ihr Lehrer kann ja die Rolle des Personalchefs übernehmen.

Kurzvortrag

Zusätzlich zur Gruppendiskussion und zum Vorstellungsgespräch werden Bewerber auch häufig mit der Aufgabe konfrontiert, einen Kurzvortrag zu halten. Die Themenliste ist ähnlich wie bei Aufsätzen oder Gruppendiskussionen und sieht zum Beispiel bei der *Deutschen Bundespost* laut Bewerberberichten folgendermaßen aus:

- Vor- und Nachteile des Auszuges Jugendlicher aus dem Elternhaus
- Streß – ein Merkmal unserer Zeit?
- Naturschutzgebiete pro und kontra
- Friedliche Nutzung der Atomkraft
- Ist die Fünf-Prozentklausel reperaturbedürftig?
- Todesstrafe pro und kontra
- Organverpflanzung – wichtige Hilfe oder nur wissenschaftlicher Versuch?
- Rentendasein – erwünschter Lebensabend oder Abstellgleis?
- Ist eine technisch vollkommene Welt heute noch erstrebenswert?
- Leben in der Stadt oder auf dem Land?
- Steht die Familie heute im Widerspruch zum Zeitgeist?

In der Regel werden 5- bis 15minütige Kurzvorträge erwartet. Oftmals bekommt man dafür eine Vorbereitungszeit von ähnlicher bis doppelter Länge.

Inhaltlich sind für diese verbale Testaufgabe die gleichen Kriterien zu beachten wie beim Aufsatz bzw. zum Teil wie bei der Argumentation in einer Gruppendiskussion. Hier geht es natürlich weniger um das zwischenmenschliche Verhalten, sondern mehr um Sprachgestaltung, Form, Ausdruck, Klarheit und Sicherheit:

- Können Sie frei sprechen?
- Sind Sie in der Lage, ein Thema kurzfristig und klar zu strukturieren und vorzutragen?
- Leiden Sie unter besonderen Rede-Ängsten?
- Vermitteln Sie einen nervösen, fahrigen Eindruck?
- Fehlen Ihnen plötzlich die Worte?

- Erleben Sie einen Black-out?
- Wie verhält es sich mit Blickkontakt und Körperhaltung?
- Was für einen Gesamteindruck machen Sie?

Wir empfehlen, dieses durchaus häufig eingesetzte Testverfahren in der Schule bzw. zuhause mit Mitschülern und Freunden zu üben.

∗ *Bevor es weitergeht, möchten wir aber jetzt doch gefälligst endlich um eine Antwort auf unsere Fragen bitten, nicht wahr, Frau Voss?*

∗ *Ja Herr Mühsam, das Händeschütteln liegt mir nicht so am Herzen wie die Reifenprüfung.*

Das Frage- und Antwortspiel

Das kennen Sie aus der Samstagabend-Fernsehshow. Da werden die Kandidaten z.B. gefragt: Im letzten Jahr mußten 147 356 Autofahrer nach schweren Verkehrsdelikten ihren Führerschein zwangsweise abgeben. Wie ist das prozentuale Verhältnis Frauen/Männer?

Hier wird eine präzise Einschätzung durch den Kandidaten gewünscht. Drumrum reden nützt gar nichts.

Ganz anders in den bekannten TV-Fragerunden nach einer Wahl. Auf die spannende Frage des Reporters: »Wie erklären Sie sich den erdrutschartigen Stimmenverlust Ihrer Partei?« antwortet der geübte Politiker: »Zunächst einmal lassen Sie mich den Wählern, den Frauen und Männern draußen im Lande, Dank sagen für das entgegengebrachte Vertrauen, und an dieser Stelle muß ich auch ganz besonders den beispiellosen Einsatz unserer Helferinnen und Helfer erwähnen, die in den letzten Wochen ungeheuer viel geleistet haben. Ihnen schulden wir ebenfalls Dank und Anerkennung. Was nun das Wahlergebnis anbetrifft, will ich ganz ehrlich sein. Der von der XYZ Partei geführte Wahlkampf gegen uns, gegen meine Parteifreunde und mich, ist in einer nie dagewesenen Schärfe, ja Verbissenheit, geführt worden, die in unserem Lande so, in dieser schlimmen Form einfach noch nie dagewesen ist. Hier wurden …«

Schenken wir uns den Rest, es geht lediglich darum, Ihnen das Prinzip kurz vorzuführen: Viele Worte, scheinbar mit Informations- bzw. Aussagecharakter, aber eben keine direkte Antwort auf die gestellte Frage.

Wie nun Ihr Vorstellungsgespräch verlaufen wird, können Sie zwar nicht allein bestimmen, aber doch ganz wesentlich mitgestalten. Dazu die folgenden Regeln:

Versuchen Sie zunächst zu klären, wieviel Zeit für das Vorstellungsgespräch vorgesehen ist. Ob Sie zehn Minuten oder eine knappe Stunde für Ihren »Auftritt« zur Verfügung haben, macht – wie bereits betont – einen wesentlichen Unterschied in der Gestaltung, in Ihrer »Inzenierung« bzw. »Dramaturgie« aus.

Generell gilt: Führen Sie das Gespräch defensiv. Sie sind der Bewerber, der die meisten Fragen beantworten sollte, versuchen Sie nicht, die Rollen umzukehren und z.B. immer wieder mit Gegenfragen zu kontern.

Da Sie sich gut vorbereitet haben, können Sie auf die wichtigsten Fragen (s. Fragenkatalog S. 91) überzeugend, knapp und gut formuliert antworten. Dies geschieht immer in Relation zu der Zeit, die Ihnen zur Verfügung steht, bedeutet aber nicht, daß Sie ständig reden bzw. Auskunft geben müssen. Bis zu etwa 80% der Zeit – so zeigen entsprechende Untersuchungen – verbringen Sie im Vorstellungsgespräch mit Zuhören, d.h. Ihr Gegenüber redet. Lassen Sie ihn/sie reden, und hören Sie aufmerksam zu. So gewinnen Sie Sympathiepunkte.

Eine spezielle Gesprächstechnik der Ausbildungsplatzanbieter beinhaltet den Einsatz sog. offener Fragen. Klassisches Beispiel: »Wir wollen Sie gern kennenlernen, erzählen Sie uns doch bitte etwas über sich.« Dieser so nett und harmlos vorgetragenen Bitte wird sich der Bewerber kaum entziehen können. Wer aber bei Adam und Eva, seiner frühesten Kindheit, Kindergarten und Vorschule anfängt, um vielleicht nach 15 Minuten bei seiner aktuellen Bewerbungsmotivation angekommen zu sein, hat wahrscheinlich längst Blicke, Bitten und Zwischenrufe, zur Sache zur kommen, übersehen bzw. überhört.

Eine andere »offene Frage« könnte z.B. sein: »Wofür interessieren Sie sich?« Es liegt auf der Hand, die Antwort an dem angestrebten Ausbildungsplatz und der späteren Berufstätigkeit zu orientieren. Wer hier mit leuchtenden Augen von seinen nächtlichen Disco-Besuchen und dem Interesse am anderen Geschlecht berichtet, ist für das damit erzeugte Image selbst verantwortlich.

Höflichkeit, Freundlichkeit, Blickkontakt, Bemühtheit und Interesse tragen wesentlich dazu bei, die Sympathien Ihres Gegenübers zu mobilisieren. Verlieren Sie aber beim Sprechen nicht die Kontrolle über den Rest Ihrer Person: Wer mit der Hand vor dem Mund spricht, kann sich nur schwer verständlich machen, und wer sich alle Augenblicke mit derselben nervös durchs Haar fährt, überzeugt nicht. Auch wenn wir hier nicht weiter auf die Signale des Körpers eingehen, ist es bereits jetzt wichtig zu wissen, daß viele Ausbildungsleiter meinen, aus der Körpersprache Rückschlüsse auf die Persönlichkeit ziehen zu können (vgl. s. S. 133).

Nur soviel: Ihre Körpersprache beeinflußt das Gespräch (stellen Sie sich bloß mal vor, Sie würden mitten in Ihrem Vorstellungsgespräch mehrfach herzhaft gähnen oder Ihren Blähungen freien Lauf lassen).

Apropos lassen: Lassen Sie sich durch nichts provozieren, fragen Sie zurück, ob Sie eine Frage, die Ihnen merkwürdig vorkommt, richtig verstanden haben, und reagieren Sie mit Gelassenheit. Möglicherweise will man ja genau das herausbekommen, nämlich *wie* Sie reagieren, wenn man Sie persönlich angreift, kritisiert und/oder hinterfragt. Wittern Sie aber andererseits nicht gleich hinter jeder Frage eine Falle. Es geht schließlich darum, Sie kennenzulernen, und wer möchte nicht gerne wissen, mit wem er es zu tun hat (siehe dazu auch S. 87).

Und noch etwas sehr wichtiges: Sprechen Sie nie – auch nicht nach Aufforderung – schlecht oder abfällig über Lehrer, Eltern, Anverwandte (sog. Ungehörige), Mitschüler etc. – selbst wenn Sie allen Grund dazu hätten. Bei solchen Fragen handelt es sich um einen kleinen Persönlichkeitstest, und ein »Plaudern aus dem Nähkästchen« wird kein potentieller Arbeitgeber in der Bewerbungssituation honorieren. Psychologisch gesehen beinhaltet nämlich jede Aussage über eine andere Person auch eine Aussage über einen selbst. Mit anderen Worten: zeigt man mit einem Finger auf jemand, weisen drei Finger derselben Hand auf einen selbst.

Umgang mit unangenehmen Fragen

> »Sind Sie Jungfrau?« fragt der Personalchef eines mittelgroßen Berliner Unternehmens die hübsche 18jährige Bewerberin um einen Ausbildungsplatz und lehnt sich genüßlich in seinen Sessel zurück. Die glaubt, ihren Ohren nicht trauen zu können und wird schamrot. Dann aber besinnt sie sich sekundenschnell auf ihre Schlagfertigkeit und antwortet: »Nein, mein Sternzeichen ist Löwe.«

Dieser Vorfall hat die Frauenbeauftragte des Berliner Senats beschäftigt. Nicht immer gelingt es, sich durch eine derartige Schlagfertigkeit aus der Affäre zu ziehen.

Gibt es Fragen, die Sie im Vorstellungsgespräch fürchten? Machen Sie sich vorab eine Liste unangenehmer Fragen, und versuchen Sie, wie bei den anderen Themen auch, sich Antwortmöglichkeiten zurechtzulegen.

Reagieren Sie z.B. sehr zurückhaltend auf die Vorstellungsgesprächsfrage »Was spricht gegen Sie als Bewerber für diesen Ausbildungsplatz?« Heben Sie an dieser Stelle eher noch einmal hervor, was für Sie spricht, und bieten Sie nach wohlkalkuliertem Zögern ein, maximal zwei Punkte an, die aber nicht wirklich überzeugend gegen Sie vorzubringen sind. Dieses müssen Sie sich vorher genau überlegt haben, damit Sie in einer so kritischen Situation den bestmöglichen Eindruck machen.
Sollte man weiter auf dem Standpunkt bestehen, Sie seien nicht der richtige Kandidat, lassen Sie sich nicht provozieren, aber auch nicht zur Verzweiflung bringen. Wäre es wirklich an dem: Warum hätte man Sie eingeladen? Jetzt kommt es darauf an, Ruhe, Nerven und Haltung zu bewahren.

Wie stressig es durch gezielt provokante Fragen in einem Vorstellungsgespräch zugehen kann, ist dem folgenden Bericht einer Ausbildungsplatzsucherin zu entnehmen, die sich als Schiffahrtskauffrau bewarb.

Schon kurz nachdem ich meine Bewerbungsunterlagen an *Hapag Lloyd* in Hamburg abgeschickt hatte, erhielt ich – wie erstaunlich – schnell eine Antwort. Man teilte mir mit, daß *keinerlei Tests* durchgeführt werden würden und sich das Auswahlverfahren auf ein mündliches Vorstellungsgespräch beschränkt. Diese Tatsache beruhigte mich ungemein, denn ich verfüge über ein sicheres Auftreten, kann gut reden und habe recht ordentliche Zeugnisnoten.

So machte ich mich zum verlangten Zeitpunkt pünktlich auf den Weg und beruhigte meine Nerven immer wieder damit, es handele sich ja »nur« um ein Gespräch. Ein Pförtner wies mir den Weg zum Büro des Personalchefs. Eine nette Sekretärin empfing mich und rief den Chef ins Vorzimmer. Er musterte mich, grüßte und bat, einzutreten. Nun wurde mir doch etwas flau, denn in seinem Büro waren drei weitere Herren, die er mir kurz vorstellte. Mir wurde ein Platz in einer eleganten Sitzecke angeboten. Während drei der Herren unmittelbar in meiner Umgebung, also um mich herum saßen, setzte sich der vierte Herr – wie ich später erfuhr, war er der Hauspsychologe – deutlich abseits und beobachtete mich scharf. Die ganze Gesprächszeit über machte er sich eifrig Notizen.

Die drei »Interviewer« legten nun ohne große Vorrede los:

»Wir werden ihnen einige Fragen stellen, die man als junger Mensch wissen muß, denn Sie sind ja hier nicht zu einem lockeren Kaffeeklatschgespräch!« Ihre Stimmen hatten einen strengen Unterton, und mit meinem sicheren Auftreten war es vorbei ... Abwechselnd wurde ich mit Fragen und Aufgaben aller Art bombadiert, z.B.:

– Haupstadt von Kolumbien?
– Die wichtigsten Kanäle?
– Wie heißen die Mittelamerikanischen Staaten?
– Wo entspringt die Oder?
– Zeichnen sie Amerika
– Zeichnen sie den Verlauf der Grenzen ein und und und ...

20 Minuten lang folgte in raschem Tempo Frage auf Frage. Dann:

»Nun möchten wir Sie näher kennenlernen. Wir müssen schließlich wissen, ob Sie in unsere Mannschaft passen. Dafür haben Sie ja sicherlich Verständnis – naja, noch ist ja nicht klar, ob wir Sie einstellen werden, ha, ha, ha !!« Ich lachte gekünstelt mit und fühlte mich schlecht wie nie. »Warum sind Sie eigentlich so schwach in Mathemathik – sind Sie zu dumm oder zu faul?« (Ich habe eine 3 in Mathe ...)

»Sie lernen Russisch – warum denn das? Irgendwelche politischen Verbindungen in dieser Richtung?« »Sagen Sie mal etwas auf Russisch!« Da ich noch so verdutzt von dem »politischen Einwurf« des Mannes war, brachte ich an diesem nebeligen Tag nichts besseres zustande als den russischen Satz »Heute ist wunderschönes Wetter«. »Bleiben Sie doch mal bei den Tatsachen – heute ist das Wetter schlecht, hören Sie, schlecht!!«

Ich fühlte mich immer elender, wollte raus, nach Hause, von meinem Freund getröstet werden. Die Atmosphäre war echt unmöglich. Die drei Herren hatten mich schon so kleingekriegt, daß ich Ihnen sogar auf persönliche Fragen bereitwilligst antwortete.

»Wie sind Ihre Familienverhältnissse? Was sind Ihre Freunde so für Menschen – oder haben Sie etwa keine?« »Doch doch«, stotterte ich. »Sehr sicher sind Sie sich ja nicht. Warum haben Sie keine Freunde? Kommen Sie mit ihrer Art nicht an? Sie spielen Tennis und treiben Leichtatletik – dann haben Sie es wohl nicht im Kopf, sondern in den Beinen ... «

Diese ausfallenden Bemerkungen wurden 20 Minuten fortgesetzt. Dann verabschiedete man mich plötzlich sehr nett mit dem Hinweis auf weitere Bewerber, die bereits warten würden.

* *O Gott, O Gott, so ein Vorstellungsgespräch ist ja ein Alptraum.*
* *Da muß man sich warm anziehen, Frau Voss.*

Was immer man gegen Sie einwendet (wenn überhaupt offen), es kommt darauf an, wie Sie damit umgehen. Manche Interviewer leiten einen solchen Überprüfungsversuch so ein: »Was würden Sie sagen, wenn wir Ihnen den Ausbildungsplatz nicht anbieten, weil ...« Hier empfiehlt es sich, als

Bewerber etwa so zu reagieren: »Einerseits verstehe ich Ihr Argument, andererseits möchte ich aber bemerken, daß ...«

Im Grunde genommen geht es dem Interviewer bei einer derartigen Fragetechnik immer darum, zu sehen, ob und wie Sie Gelassenheit bewahren und mit solchen Fragen, Bemerkungen, Feststellungen umgehen können. Wirkliche Einwände gegen Ihre Person wird man nie mit Ihnen diskutieren. Also ist das ganze irgendwie Teil des Gesamtschauspiels »Vorstellungs-Gespräch«, und Sie sollten an diesem Punkt nicht verzweifeln. Hier gilt es eher, Chancen zu nutzen, weil Sie ja wissen, worauf es eigentlich ankommt.

Trotzdem kann es durchaus sinnvoll sein, z.B. den Vorwurf, Sie hätten in Mathe ja nur eine vier etc. zu akzeptieren und nicht krampfhaft zu versuchen, sich da herauszureden. Auch das Eingeständnis, ein Schuljahr wiederholt haben zu müssen, kann in seiner offenen Direktheit entwaffnend wirken. Das gilt insbesondere dann, wenn Sie zum Ausdruck bringen, daß es sich dabei »um ein abgeschlossenes Kapitel« handelt, also eine Krisenzeit, die aber nun wirklich der Vergangenheit angehört.

Als Ausbildungsplatz-Sucher müssen Sie mit regelrechten Streß-Interviews, in denen eine gehässige Frage die nächste jagt, nicht unbedingt rechnen. Auch wenn Ihnen die Situation im Vorstellungsgespräch bisweilen so vorkommen mag, ein richtiges, professionelles Streß-Interview gestaltet sich noch ganz anders. Neben der gezielten Form, den Bewerber durch provokative und beleidigende Fragen zu kränken und aus der Reserve zu locken, gibt es auch die Interviewer-Möglichkeit, jemanden durch extreme Passivität auflaufen zu lassen.

Lange Schweigepausen Ihres Gegenübers oder eine abwartende, desinteressierte Haltung sollen Sie in die Position bringen,

a) viel zu reden, von sich zu erzählen und etwas preiszugeben,
b) Ihr Verhalten in einer Schweigesituation zu testen.

»Wo sind Ihre größten Schwächen?« oder »Falls Sie überhaupt Freunde haben, wie kommen die eigentlich mit Ihnen klar?« – derartige Fragen sollten Sie mit Gleichmut ertragen. Fängt man an, Ihnen Dummheit zu unterstellen, nach dem Motto »Sie bewerben sich hier um eine Ausbildung – ist die nicht drei Nummern zu groß für Sie?«, dürfen Sie ruhig darauf hinweisen, daß man sich mit Ihnen nicht diese Mühe geben würde, wenn man von vornherein davon überzeugt gewesen wäre, Sie würden in diesen Ausbildungsberuf nicht passen.

Noch einmal zusammengefaßt: Das Hauptziel des Interviewers könnte es sein, Sie durch gezielte, provokative Fragen aus der Reserve zu locken, Ihr Verhalten in einer Streßsituation zu testen. Es liegt bei Ihnen, wie weit Sie sich darauf einlassen, inwieweit Sie vorbereitet sind und wie Sie mit so einer Situation umgehen wollen. Wichtig ist es, die Ruhe zu bewahren, gelassen zu bleiben, möglichst kurz und knapp zu antworten, aber auch darauf hinzuweisen, daß es Grenzen gibt.

Zeigen Sie, daß Sie sich abgrenzen können, und weisen Sie Intimfragen zurück. Denn: Lassen Sie alles widerspruchslos mit sich machen, bekommen Sie dafür auch keine Pluspunkte. Weisen Sie darauf hin, daß der Interviewer mit diesen Fragen über das Ziel hinausschießt und Sie nicht gewillt sind, weiter hierauf einzugehen. Bleiben Sie trotz aller Abgrenzung gelassen und relativ freundlich. Stehen Sie nicht einfach auf, verlassen Sie nicht den Raum, denn das würde man Ihnen als Niederlage, als Aufgeben ankreiden.

Andererseits mißverstehen Sie nicht jede kritische Frage als den Beginn eines Streß-Interviews, und begegnen Sie Ihrem Interviewpartner nicht von vornherein mißtrauisch. Streß-Interviews sind bei Ihnen als Ausbildungsplatzsucher (noch?) nicht die unbedingte Regel, eher eine Ausnahme. Ein normales Interview mit einem Streßinterview zu verwechseln, kann Ihrem Berufswunsch ebenso abträglich sein wie eine unangemessene angepaßte oder aggressive Haltung.

Notlügen aus Notwehr

So wie der Gesetzgeber den Begriff Notwehr kennt, existiert für das Bundesarbeitsgericht der Sachverhalt der Notlüge. Darunter ist zu verstehen, daß bestimmte Fragen im Vorstellungsgespräch, z.B. nach der Zugehörigkeit zu einer politischen Partei, nicht wahrheitsgemäß beantwortet werden müssen, wenn der Bewerber davon ausgehen muß, daß von einer bestimmten Antwort die Vergabe des Arbeitsplatzes abhängen könnte.

Vorausgeschickt werden muß: Bestimmte Fragen und Themen dürfen im Bewerbungsverfahren gar nicht behandelt werden. Es sind nur solche Fragen erlaubt, die »arbeitsbezogen« sind, d.h. die mit dem zu besetzenden Ausbildungsplatz im direktem Zusammenhang stehen.

Unzulässig ist die Ausforschung der politischen Meinung ebenso wie Fragen nach gewerkschaftlichem Engagement oder Privatplänen in puncto Heiraten, Familienplanung, Freizeitgstaltung und Hobbys. Frühere Krankheiten und die Frage nach einer Schwangerschaft sollten genauso tabu sein, wie die Frage nach den Berufen von Eltern, Geschwistern und manchmal auch noch Freunden, sowie nach den privaten Vermögensverhältnissen der Familie (evtl. Schulden).

»Beantwortet der Bewerber eine unzulässige Frage falsch, so hat dies für die Wirksamkeit des Arbeitsvertrages keinerlei nachteilige Folgen. Dies ist zwangsläufig die Konsequenz des eingeschränkten Fragerechts des Arbeitgebers. Denn das bloße Recht, die Antwort zu verweigern, würde dem Bewerber nichts nützen; hier wäre keine Antwort eben auch eine Antwort. Lassen sich Tatsachen, die der Bewerber nicht anzugeben braucht, aus dem Lebenslauf erschließen, so darf der Bewerber den Lebenslauf insoweit ›normalisieren‹«. (E. Stevens-Bartol, Bewerbung, Einstellung, Vertragsschluß; München 1990, S. 18f.)

Natürlich gibt es wie bei jeder Regel auch Ausnahmen: Wenn z.B. jemand für die katholische Kirche arbeiten will, ist die Frage des Arbeitgebers Kirche nach seiner Religionszugehörigkeit durchaus zulässig. Einsichtig ist natürlich auch die Frage nach früheren Krankheiten bei Pilotenbewerbern oder Zugführern.

In der Alltagsbewerbungssituation ist es aber leider eher so, daß nahezu jeder Arbeitgeber unzulässige Fragen an die Bewerber stellt. Durch seinen Eingriff in die per Grundgesetz geschützte Privatspäre des Arbeitssuchenden löst er bei diesem einen nicht zu unterschätzenden Gewissenskonflikt aus, dem mit dem Notwehrrecht auf Lüge Rechnung getragen wird. Dies gilt auch für Ausbildungsplatzsuchende.

Körpersprache

Wieviele Sprachen beherrschen Sie? Ihre Muttersprache, Fremdsprachen – sehr schön. Viele Personalchefs und Ausbildungsleiter – allesamt eher Taschenpsychologen – glauben, die Körpersprache zu beherrschen, oder besser: zu verstehen.

∗ *Die wollen dem Bewerber aus der Hand lesen, Frau Voss.*
∗ *Kann ich mir nicht vorstellen, Herr Mühsam.*
∗ *Wie bitte? Wo können Sie sich nicht vorstellen?*

Der Körper lügt angeblich nicht (übrigens: Lügen haben kurze Beine). Erhobener Zeigefinger, hochgezogene Augenbrauen, gerümpfte Nase und eine in Falten gelegte Stirn sprechen eine deutliche Sprache. Nur verstehen muß man sie. Wer die Hände im Schoß faltet oder hinter dem Kopf verschränkt, signalisiert seiner Umwelt bewußt oder unbewußt etwas. Nur was, ist die Frage.

Personalfritzen hantieren gerne mit Listen, aus denen sie schnell ablesen können, was eine bestimmte Haltung, Geste, Mimik usw. für eine Bedeutung hat – auf ähnlichem Niveau wie die diversen Traumdeutungsbücher, die einem aufs Stichwort verraten, was der Traum der vergangenen Nacht bedeutet.

Im wesentlichen geht es um
- Blickverhalten
- Mimik
- Gesten
- Körperhaltung
- Sprechweise
- Geruch

Bitte nehmen Sie die folgende Liste nicht zu ernst, aber Sie sollten wissen, wie Ihr Verhalten möglicherweise interpretiert werden könnte.

Körpersignal	Bedeutung
Blickverhalten	
Augen betont weit offen	Aufmerksamkeit, Aufnahmebereitschaft, Sympathie, Weltoffenheit signalisierend, Flirtverhalten
verengte Augenöffnung	Konzentration, Entschlossenheit, Eigensinn, Kleinlichkeit, überkritische Haltung
zugekniffene Augen	Abwehr, Unlust
gerader Blick	Offenheit, Gewissensreinheit, Vertrauen
schräger Blick	abschätzende Zurückhaltung
häufiger Blickkontakt	Sympathie
häufiges Wegsehen	mangelnde Sympathie oder Verlegenheit
auffällig häufiger Lidschlag	Unsicherheit, Befangenheit u.U. nervöse Störung
Mimik	
offenes Lächeln	offene Heiterkeit, uneingeschränkte Mitfreude
gequältes Lächeln	ironisch, schadenfroh, blasiert, ängstlich

überwiegend geöffneter Mund	Mangel an Selbstkontrolle
zusammengepreßter Mund	Zurückhaltung, Reserviertheit, Verkniffenheit, Kontaktarmut
Mundwinkel nach unten	Bitterreaktion, Pessimist, depressiv
Mundwinkel nach oben	Aktivität bis Abwehr
Heben der Augenbrauen	Ungläubigkeit oder Arroganz

Gesten

übertrieben kräftiger Händedruck (»Knochenbrecher«)	Rücksichtslosigkeit, Angeberei
kräftiger Händedruck ohne Übertreibung	Aufrichtigkeit, Sicherheit
schlaffer Händedruck (»tote Hasenpfote«)	Unsicherheit, kontaktarm, leicht beeinflußbar
Hand wegziehend	Verschlossenheit
verschränkte Arme	
– bei Männern	Ablehnung, Verschlossenheit
– bei Frauen	Selbstschutz, Angst
Hand vor den Mund halten	
– während des Sprechens	Unsicherheit
– nach dem Sprechen	will das Gesagte zurücknehmen
Sprecher hält Armlehnen mit beiden Händen fest	Aggressivität, aber etwas unsicher, neigt zur Weitschweifigkeit
Kopf auf Hände stützen	Nachdenklichkeit, Erschöpfung, Langeweile
Spitzdach mit den Händen formen	Arroganz, Abwehr gegen Einwände
Hände reiben	selbstgefällig, selbstzufrieden
spielende Hände	Zeichen von Erregung, Nervosität, Befangenheit, Angst, Verwirrung
mit dem Finger auf den Gesprächspartner zeigen	Angriff, Wut
Hand zur Faust verkrampfen	Wut, verhaltener Zorn
Anfassen der Nase	Nachdenklichkeit, kritische Haltung, Verlegenheit

über den Hinterkopf streichen, Zupfen an den Ohren	Verlegenheit, Unbehagen, Ärger
Streichen des Kinns	Nachdenklichkeit, Zufriedenheit
Finger zum Mund nehmen	verlegen, unsicher
mit den Fingern trommeln	Nervosität, Ungeduld
häufiges Spielen mit dem Ring	Eheprobleme, frustiert vom häuslichen Leben
häufiges Abnehmen der Brille	Ablehnung, Angriff, Nervosität

Körperhaltung

Achselzucken, die Handflächen nach außen	passive Hilflosigkeit
übereinandergeschlagene Beine	
– zum Gesprächspartner hin	Aufbau eines Sympathiefeldes
– vom Gesprächspartner weg	Ablehnung, Unwillen
übergeschlagene Beine, Knie in die Hand gestützt	kritisch, skeptisch
dicht aneinandergestellte Füße beim Sitzen	schuldhafte Ängstlichkeit, Einzelgänger, überkorrekte Grundeinstellung
breit auseinanderklaffende Beine beim Sitzen	sorglose Unbekümmertheit, Rücksichtslosigkeit
friedlich ruhende Sitzhaltung	Selbstsicherheit, aber auch robuste Unbekümmertheit, seelische Erschöpfung
alarmbereite Sitzweise (auf dem Sprung sein)	Mangel an Selbstvertrauen und Sicherheit, auch Mißtrauen, innere Unruhe, Angst
Füße um die Stuhlbeine legen	Unsicherheit, Suche nach Halt
Füße nach hinten nehmen	Ablehnung
mit den Füßen wippen	Arroganz, Ungeduld, Unsicherheit, Aggressivität
steife, militärische Körperhaltung, geziert aufrecht	Unterdrückung von Angst
breitbeinig dastehen, Daumen in die Achselhöhlen	Selbstsicherheit
den Oberkörper weit nach vorn lehnen	Interesse, Sympathie, Wunsch zu unterbrechen

den Oberkörper weit zurücklehnen	Desinteresse, Ablehnung
Sprechweise	
lautstarke Stimme	Vitalität, Selbstbewußtsein, Kontaktfreude, aber auch Unbeherrschtheit, Geltungsdrang
leise, flüsternde Stimme	Schwäche, mangelndes Selbstbewußtsein, aber auch Sachlichkeit, Bescheidenheit
schnelles Sprechtempo	Impulsivität, Temperament aber auch ungezügelt, nervös
angsames Sprechtempo	antriebsschwach, aber auch Sachlichkeit, Besonnenheit, Ausgeglichenheit
wechselndes Sprechtempo	innere Unausgeglichenheit
ausgeprägte Pausengestaltung	Disziplin, Selbstbewußtsein
starke Akzentuierung	Lebhaftigkeit, Gefühlsstärke
schwache Akzentuierung	Uninteressiertheit, mangelnde geistige Flexibilität
Geruch	
parfümiert	werbend
überstark parfümiert	unsicher, vernebelnd
Schweißgeruch	ängstlich, unordentlich

* *Sie sind den Lesern, Frau Voss und mir immer noch die Antwort auf meine Frage schuldig, ob es nun schicklich ist, eine gereichte Hand zu nehmen und zu schütteln oder nur zu nehmen ohne zu schütteln.*

Organisatorisches: Vor- und Nachbereitung

Anreise

»Wer zu spät kommt, den bestraft das Leben« – ist der Tip von Michail Garbotschow (nicht nur) zum Thema Bewerbungs- und Vorstellungsgespräch. Also planen Sie genügend Zeit für Ihre Anreise ein, mit Berücksichtigung eventuell auftretender Verzögerungen (Staus etc.). Auch wenn Sie glauben, den Weg gut zu kennen, können Sie nicht sicher sein, in einem labyrinthartigen Bürogebäudekomplex gleich den kürzesten Weg und das richtige Zimmer zu finden. Besser also, Sie sind eine viertel Stunde zu früh da, als zehn Minuten zu spät. Natürlich dürfen Sie nicht übertreiben. Wer zwei Stunden vor dem eigentlichen Termin aufkreuzt, macht auch einen denkbar schlechten Eindruck.

Entscheidend ist, so ausgeruht wie nur irgend möglich den Ort des Geschehens zu erreichen. Sollten Sie sich wider Erwarten an einem so wichtigen Tag krank fühlen, ist es sinnvoller, den Termin abzusagen, als beispielsweise mit allen sichtbaren und unsichtbaren Befindensbeeinträchtigungen einer schweren Erkältung anzutreten und sich nicht optimal präsentieren zu können.

Und noch ein wichtiger Hinweis: Ist das Vorstellungsgespräch für Sie mit Fahrt-, Verpflegungs- und Unterbringungskosten verbunden, so gilt für die Erstattung folgende Regelung: Bei einer Einladung zum Vorstellungsgespräch muß der potentielle Arbeitgeber für alle angemessenen Kosten aufkommen, die Ihnen entstehen, egal, ob ein Ausbildungsvertrag zustandekommt oder nicht. Sollte ein potentieller Arbeitgeber dazu nicht bereit sein, so ist er dazu verpflichtet, es Ihnen ausdrücklich vorher mitzuteilen.

Stellen Sie sich bei einem Arbeitgeber aus Eigeninitiative vor, ohne die ausdrückliche Verabredung, daß dieser für die Reisekosten aufkommt, müssen Sie alles selbst bezahlen.

Kleidung

Wer sich zum Beispiel um einen Ausbildungsplatz in einer Bank bewirbt, tritt besser nicht in Sportschuhen und Jeans auf. Dagegen sind gerade diese Bekleidungsutensilien bei einer Bewerbung in einem Sportgeschäft dazu angetan, Pluspunkte zu sammeln, während der seriöse, dunkelblaue, dezent gemusterte Anzug hier einen sehr zweifelhaften Eindruck hinterlassen könnte.

Mit anderen Worten: wer Schlosser werden möchte, muß zwar nicht im »Blaumann« antreten …

* *Und vor allem nicht blau …*

… sollte aber um Gottes Willen nicht seinen Konfirmationsanzug herausholen. Wer vorhat, bei einer Notar- und Rechtsanwaltskanzlei im Büro anzufangen, tut besser daran, sich vorsichtshalber beim ersten Gespräch nicht unbedingt in Sport- und Joggingoutfit vorzustellen.

Gibt es Patentrezepte? Das sicherlich nicht. Aber eine generelle Empfehlung schon: Schauen Sie sich doch einfach mal typische Berufsvertreter in dem von Ihnen angestrebten Beruf an, und orientieren Sie sich an deren Kleidung.

Bei einer Versicherung gibt es sehr wohl locker und sportlich-dezent Gekleidete, aber ebenso auch konservativ-seriöse Verkleidungsformen. Bei anderen Verwaltungsberufen ist sicherlich der »goldene Mittelweg« nicht von Nachteil.

Verdeutlichen Sie sich, daß Sie bereits mit Ihrem Erscheinungsbild eine Art Arbeitsprobe und Visitenkarte abgeben. Vermeiden Sie es, besser gekleidet zu sein als Ihr Gegenüber …

∗ *Also nicht nach dem Motto »Geld spielt keine Rolex, was lakostet die Welt«.*

… und verzichten Sie auf Extravaganz, grelle, poppige, übertriebene Maskerade (Schminke) – mit vielleicht einer Ausnahme: Sie bewerben sich bei einer Werbeagentur oder in der »Kunstszene«.

Nach-Denken und nach-Haken

Wie ist das Vorstellungsgespräch gelaufen? Mit welchen Fragen haben Sie nicht gerechnet? Was ist Ihnen gelungen, was weniger? Was könnten Sie jetzt mit mehr Gelassenheit besser beantworten? Worauf müssen Sie sich beim nächsten Mal intensiver vorbereiten? Was haben Sie aus alledem gelernt? Mit diesen Überlegungen sollten Sie sich jetzt auseinandersetzen. Aber zunächst:

Nach der Schwerstarbeit Vorstellungsgespräch haben Sie eine Belohnung verdient – unabhängig, wie das Ganze für Sie gelaufen ist. Lassen Sie sich verwöhnen oder tun Sie sich selbst etwas Gutes an. Sie brauchen neue frische Kräfte für eine eventuelle nächste Runde.

Hoffentlich haben Sie am Ende Ihres Vorstellungsgespräches eine Information erbeten bzw. erhalten, wie und wann der Entscheidungsprozeß weitergeht. Natürlich müssen Sie jetzt erst einmal einige Tage abwarten und sehen, ob sich etwas tut, es sei denn, Sie haben es anders vereinbart. Üben Sie sich in Geduld und fragen Sie nicht vor Ablauf einer Frist von fünf bis zehn Tagen nach, was aus Ihrer Bewerbung geworden ist.

Sollten Sie allerdings vier Wochen verstreichen lassen, ohne sich interessiert zu zeigen und nachzufragen, könnte das gegen Sie ausgelegt werden.

Eine lange Wartezeit spricht aber auch gegen Ihren potentiellen Arbeitgeber – denn: Man läßt Bewerber nach einem Vorstellungsgespräch nicht lange ohne Zwischenbescheid im Unklaren.

Und auch Sie müssen entscheiden: Wollen Sie immer noch diesen Ausbildungsplatz?

Beurteilung und Bewertung

Noch einmal zusammengefaßt und auf den Punkt gebracht: Worum geht es im Vorstellungsgespräch? Neben der inhaltlichen Beantwortung der Fragen in den von uns ausführlich beschriebenen neun Gesprächsphasen stehen sechs Beurteilungskriterien im Mittelpunkt:

- Wie ist die äußere Erscheinung?
- Wie das Auftreten und die Umgangsformen?
- Wie verhält es sich mit Anpassungs-/Einordnungsbereitschaft und Teamfähigkeit?
- Wie ist die intellektuelle Leistungsfähigkeit/Auffassungsgabe?
- Wie ist das sprachliche Ausdrucksvermögen?
- Wie ist das zu erwartende Arbeitsverhalten?

Diese Beurteilungskategorien können – jeweils mit Benotungen (z. B. von 1–6, sehr gut bis ungenügend) versehen – auf einem Bogen festgehalten werden und dann einer vergleichenden Entscheidungsfindung dienen. Ein Beispiel:

Äußere Erscheinung
ordentlich – gepflegt – passend – unauffällig – korrekt – rasiert
unordentlich – ungepflegt – unpassend – auffällig gekleidet – übertrieben geschminkt/parfümiert – übertriebener Schmuck –

Auftreten/Umgangsformen
höflich – liebenswürdig – freundlich – gewinnend – sicher – gewandt – bescheiden – gelassen – aufgeschlossen – unkompliziert – gesundes Selbstvertrauen
arrogant – aufdringlich – frech – vorlaut – überheblich – hält nicht genug Abstand – verkrampft – verschlossen – schüchtern – unsicher – gehemmt – schwerfällig – kein/übersteigertes Selbstvertrauen

Anpassung/Einordnung/Teamfähigkeit
wird sich anpassen und einfügen – lenkbar – kameradschaftlich – teamfähig – gute Kontaktfähigkeit

fügt sich wahrscheinlich nur schwer ein – neigt zu Opposition – aufsässig – kritisch – eigenwillig – Außenseiter – geringe Kontaktfähigkeit

Intellektuelle Leistungsfähigkeit
aufgeweckt – denkt mit – konzentriert – kann zuhören – beweglich – stellt präzise Fragen – gutes, rasches Auffassungsvermögen
umständlich – denkfaul – träge – unkonzentriert – begriffsstutzig – sprunghaft – langsames Auffassungsvermögen

Sprachliches Ausdrucksvermögen
spricht klar/laut/ausdrucksvoll – fließend – fehlerlos – redegewandt – schlagfertig – Hochdeutsch – kann sich gut ausdrücken
spricht zu leise/zu laut/zu schnell/unverständlich – ausdrucksschwach – schwerfällig – verliert den Faden – wortkarg – mißverständlich – Dialekt

Zu erwartendes Arbeitsverhalten
arbeitsam – fleißig – schnell – aktiv – interessiert – pflichtbewußt – begeisterungsfähig – ehrgeizig
langsam – schwerfällig – nachlässig – flüchtig – passiv – bequem – wenig begeisterungsfähig

Es geht also – um es noch einmal ganz kurz zu benennen – um Persönlichkeit (Sympathie), Leistungsmotivation (Fleiß) und Kompetenz (Fähigkeiten).

Erlebnisse

Aus 1001 Bewerbung

Nach der Theorie jetzt ein Blitzausflug in die Praxis. Was alles in Bewerbungsverfahren passiert, erfahren wir ständig von Leserinnen und Lesern unserer Bücher. In Briefen, Telefonaten und persönlichen Gesprächen berichten sie uns brandaktuell über ihre Erfahrungen in Einstellungstests und Vorstellungsgesprächen.

Lesen Sie jetzt, was Azubi-Bewerbern passiert ist. Es könnte Ihnen helfen, in der eigenen Bewerbungssituation besser klarzukommen. Wissen, worauf es an- und was auf einen zukommt, wirkt angstreduzierend. Sich informieren, wie es anderen ergangen ist, kann wesentlich dazu beitragen, in der eigenen Bewerbungs- und Testsituation besser klarzukommen – vor allem aber vielleicht auch: sich nicht mehr so hilflos, allein und ausgeliefert zu fühlen. Hier ein ganz kleiner Ausschnitt aus 1001 Bewerbungserlebnis:

Hatten Sie Probleme in der Pubertät?

Nach meinem Abitur habe ich mich bei dem bekannten Pharma- und Chemiekonzern *Ciba-Geigy* für die Ausbildung als Betriebswirtin (BA) beworben. Von über 150 Bewerbungen wurden 80 Bewerber zum Test eingeladen, 10 kamen bis zum persönlichen Vorstellungsgespräch durch und drei bis zum Ziel. Nur diese erhielten den begehrten Ausbildungsplatz.

Am ersten Testtag erklärte uns der *Ciba-Geigy*-Betriebspsychologe die Testabfolge, wobei er in seinen Erläuterungen großen Wert darauf legte, herauszustreichen, daß s e i n Unternehmen im Gegensatz zu anderen k e i n e Persönlichkeits-Tests abverlangen würde.

Die Testabfolge sah so aus:
- ein Intelligenz-Testverfahren,
- Rechtschreibüberprüfung (ein Lückendiktat)
- und ein Fragebogen (100 Fragen).

Zu den ersten beiden Tests gibt es nicht viel zu berichten. Unheimlich geärgert habe ich mich aber über den Fragebogen, der ganz klar ein versteckter Persönlichkeits-Test war. Da tauchten (sinngemäß) Fragen auf wie:

- Arbeiten Sie gerne im Freien?
- Arbeiten Sie gerne im Büro?
- Arbeiten Sie gerne mit anderen Menschen zusammen?
- Wenn Sie jemandem mit den besten Absichten etwas Gutes getan haben und es stellt sich später heraus, daß es gar keine »gute Tat« war – wie fühlen Sie sich dann?
- Wie viele gute Freunde haben Sie? (1-2 / 3-4 / mehr als 4).

Die letzte Frage gipfelte darin: Sind Sie der Ansicht, daß es auf e i n e Frage immer nur e i n e richtige Antwort gibt? (ja oder nein). Für wie dumm halten die einen denn eigentlich? Als ob man nicht merken würde, daß es sich bei den 100 Fragen doch um einen Perrsönlichkeits-Test handelt, und noch dazu um einen selbstgestrickten!

Aber es kam noch doller! Nach dem erfolgreich bestandenen Test war ich eine Runde weiter. Der *Ciba-Geigy*-Betriebspsychologe und ein Personalmensch führten das 30minütige Vorstellungsgespräch.

Man wollte meine Hobbys genau kennenlernen, wissen, ob ich irgendein Amt bekleide und was meine Eltern zu meiner Berufswahl sagen würden. Dann kam die Frage: »Hatten Sie während Ihrer Pubertät irgendwelche Probleme?« Als das verhandelt war, wollten sie auch noch wissen: »Warum meinen Sie, sind gerade S i e besonders für diesen Ausbildungsplatz geeignet?«

Am Ende des Gespräches übergab mir der Personalmensch einen Briefumschlag, der 20 DM für das Fahrgeld enthielt. Auf dem Umschlag standen mein Name und »20 DM Fahrgeld«. Ich wollte den Umschlag gerade einstecken, als mich der Personalmensch aufforderte, zu überprüfen, ob das alles auch stimme. Ich guckte nochmal kurz auf den Umschlag und bejahte. Daraufhin sagte er: »Sie müssen doch aber genau nachschauen, schließlich müssen Sie mir das ja quittieren!« Ich öffnete den Briefumschlag, schaute hinein und fand alles so vor, wie erwartet. Dann quittierte ich. Nun schaltete sich der Betriebspsychologe ein und fragte mich in vorwurfsvollem Ton: »Warum haben Sie eigentlich nachgesehen? Ich an Ihrer Stelle hätte das nicht getan.«

Ich muß zugeben, daß ich wirklich total perplex war und sehr unangenehm berührt. Da mir einfach nichts einfiel, schwieg ich verlegen.

Später erfuhr ich, daß sie mit allen 10 Bewerbern dieses gleiche dumme Psycho-Spiel veranstaltet haben. Bis auf einen Bewerber haben alle so reagiert wie ich. Sie hatten aufgrund der Aufforderung letzlich gegen ihre erste Intention doch im Umschlag nachgeschaut.

Eine Mitbewerberin, die ich sehr gut kenne, hat dem Personalmenschen auf seine Nachguck-Aufforderung hin zunächst geantwortet: »Es wird schon stimmen« und wollte den Empfang des Geldes (im Umschlag) quittieren. Daraufhin, so berichtete sie mir, habe der Personalmensch gesagt: »Ich arbeite schon 20 Jahre hier in diesem Betrieb und kann Ihnen versichern, hier stimmt nichts.« Dann hat sie natürlich auch den Umschlag aufgemacht, und das Spielchen ging wie bei mir weiter.

Abschließend möchte ich sagen: Diese Art empfinde ich als einen gleichermaßen unverschämten wie blöden Psychotrick.

Ich habe meinen angestrebten Ausbildungsplatz in einem anderen namhaften Konzern bekommen. Da ging es bei der Bewerberauslese anders zu. In einer Firma wie *Ciba-Geigy*, die so mit den Bewerbern umgeht, muß ja ein tolles Betriebsklima herrschen. Da würde ich nie gerne arbeiten wollen.

Dieser Bericht macht klar, daß die Überprüfung von Persönlichkeitsmerkmalen bei Einstellungstests und Vorstellungsgesprächen deutlich in den Vordergrund gerückt ist. Wer hier nicht weiß, was auf ihn zukommen kann und wie man damit am besten umgeht, hat »schlechte Karten«. (Siehe dazu auch Literaturhinweise S. 155.)

Mehrfach K.o. und trotzdem nicht aufgegeben

Mit dem Abitur und nach meiner Bundeswehrzeit habe ich mich entschlossen, Polizist zu werden. Meine ersten Bewerbungserfahrungen machte ich bei der *Hessischen Polizeischule* in Wiesbaden. Da praktizierte man das sog. K.O.- Verfahren, bei dem man nach einem nicht bestandenen Testteil nach Hause gehen darf.

In der ersten Testphase, die von 7.30 bis 10.15 Uhr dauerte, war ein Lückendiktat zu absolvieren sowie folgende Testaufgaben: Logisches Denken, räumliches Vorstellungsvermögen, Konzentrationsvermögen. (Aufgaben dieser Art finden Sie in unserem Buch »Testtraining für Ausbildungsplatzsucher«.)

Nach der Testbatterie gab es eine Pause. Die Auswahlkommission wertete die Testergebnisse aus, und die Bewerber, die den Anforderungen nicht genügten, wurden zu einem Gespräch gebeten. Ich gehörte zu dieser Gruppe, und der Polizeibeamte erklärte mir, daß ich den Konzentrationstest einfach nicht bestanden hätte. Zum Trost gab er mir mit auf den Weg, daß ich nach einem Jahr die Möglichkeit hätte, den Test zu wiederholen und mich neu zu bewerben.

Mein stark ausgeprägtes Gerechtigkeitsgefühl trieb mich dazu, ein Jurastudium zu beginnen. Zwei Semester später bewarb ich mich erneut bei der *Hessischen*

Polizei. Auch jetzt scheiterte ich trotz Vorbereitung wieder an dem blöden Konzentrationstest. Man bescheinigte mir ein nicht ausreichendes Additionsvermögen und machte mir klar, daß man auch bei der Polizei rechnen müsse ...

Logischerweise war ich nach dem Scheitern des zweiten Anlaufs sehr deprimiert. Der Polizeibeamte der Auswahlkommission versuchte mich mit dem Satz zu trösten: »Das Testergebnis sagt ja nur etwas über Ihre Eignung als Polizeibeamter aus ...«

Ich würde gern einmal erklärt bekommen, was dieser spezielle Konzentrationstest (vgl. S. 73) für eine Aussagekraft für die Eignung als Polizeibeamter hat!

Nach einer Erholungsphase habe ich mich bei den unterschiedlichsten Behörden, aber auch in der freien Wirtschaft Xmal beworben und dabei an zahllosen Eignungstests teilgenommen. Nach einer Reihe von positiven Erfahrungen fühlte ich mich wieder stark genug, um mich in einem anderen Bundesland erneut als Polizist zu bewerben.

Hier habe ich die Prüfung bestanden, die übrigens wesentlich anspruchsvoller war als das Prüfverfahren in Hessen (90minütiger Aufsatz; diverse Psycho-Tests; Merkfähigkeitsüberprüfung; Sport).

Nun konnte ich meinen Studienplatz aufgeben. Ich habe es bis heute nicht bereut. Ich bin schon ein bißchen stolz, daß ich es geschafft habe, durchzuhalten und mich nicht von meinem Berufswunsch abbringen ließ!

Aktive Sterbehilfe

Dynamit Nobel und die *Hüls AG* verwendeten beide denselben Test, den »kleinen Wit«, wie Sie ihn in Ihren Testtrainingsbüchern nennen, oder der »WILDE-Intelligenztest«, wie er in sogenannten Fachkreisen heißt. Eine wirklich nicht ganz unzutreffende Beschreibung übrigens.

Ich bewarb mich um einen Ausbildungsplatz als Industriekaufmann und machte bei diesen beiden konservativen Unternehmen die Erfahrung, daß man die Bewerber offenbar deutlich einschüchtern wollte.

In dem Testraum liefen neben dem Testleiter drei zusätzliche »Aufseher« herum, die nichts Besseres zu tun hatten, als die gesamte Bewerbergruppe durch ihr ständiges ruheloses Umhergehen nervös zu machen. Der Grund dafür lag wohl an dem außergewöhnlichen Termin. Man hatte uns bei beiden Unternehmen auf 8 Uhr am Samstagmorgen einbestellt. Die »Aufseher« wollten wahrscheinlich schnell nach Hause. Wir auch. Nach zwei Stunden war alles vorüber, nach zwei Wochen hatte ich eine Absage.

Der Versicherungsriese *Allianz* in Köln und der Chemiemulti *Hoechst* in Fürth benutzten beide denselben Haupttest. Dieser kommt dem »Wit« sehr nahe, beinhaltet aber auch den vollständigen »Ist«. Die Satzergänzungsaufgaben des »Ist« wurden original übernommen, die Wortauswahl war etwas schwieriger gestaltet. In jedem Fall hat mir die Vorbereitung mit Ihrem Buch sehr geholfen.

Die Testteilnehmergruppe war überschaubar klein. Für das leibliche Wohl wurde bei beiden Unternehmen gut gesorgt. Die Testdauer bei *Hoechst* betrug vier, bei der *Allianz* etwa drei Stunden.

Bei dem Weltunternehmen *Bayer* hat man sich eine selbstgestrickte Eignungsvorprüfung von etwa einer Stunde Dauer ausgedacht. Hier ging es vor allem um Allgemeinwissensfragen und Mathematik. Die größte Sorge der Bayern war, daß wir den Lösungsbogen auch ja richtig ausfüllen, damit ihr Computerlesegerät reibungslos funktioniert.

Den absolut schwachsinnigsten Test mußte ich bei der *Bayer*-Vertriebsfirma *Drogufa* machen. Er bestand aus drei Prüfungsabschnitten:

a) Konzentrations-Leistungs-Test

Ein DIN-A-4-Doppelbogen mit senkrecht angeordneten Zahlenkolonnen, die addiert werden sollten, ca. 150 – 180 Kolonnen à 30 Zahlen. Dauer eine Stunde.

b) Büro-Test

Dieser Test dauerte ca. 30 Minuten und beinhaltete diverse Büro-Alltäglichkeiten.

c) Aufsatz

Hier lautete das Thema tatsächlich: »Aktive Sterbehilfe«. Wirklich ein tolles Thema für eine Bewerbung zu einer Ausbildung als Industriekaufmann.

Verdienter Lebensabend oder Abstellgleis?

Nachdem die *Bundesversicherungsanstalt für Angestellte (BfA)* in Berlin wochenlang in den Zeitungen der Stadt inseriert hatte, bewarb ich mich bei dieser Behörde um einen Ausbildungsplatz für den gehobenen nicht-technischen Verwaltungsdienst.

An einem Freitag erschein ich pünktlich in dem vorher beschriebenen Gebäude zum Test. Zunächst ließ man uns, ca. 50 Test-Teilnehmer, eine halbe Stunde im Dunkeln stehen und warten, bis endlich der Testleiter – offensichtlich verspätet – erschien.

Den Auftakt bildete ein 45minütiger Aufsatz zum Thema: »Mit 65 Jahren Rente – verdienter Lebensabend oder Abstellgleis«.

Dann folgte der Intelligenz-Struktur-Test, bei dem ich zum ersten Mal über den

Testleiter wütend wurde. Grund dafür war folgendes: Nachdem er die Aufgaben vorgelesen hatte, begann er sofort auf seine Stopuhr zu drücken, die Zeit lief und wir sollten beginnen. Ich hatte jedoch noch eine Frage zur Aufgabenstellung, so daß ich mich bei laufender Uhr melden mußte und erst nach einiger Zeit meine Frage vortragen konnte und auch beantwortet bekam. So ging das während des ganzen Tests. Wer Fragen hatte, konnte diese nur während der eigentlichen Bearbeitungszeit stellen. Das ist doch nicht korrekt. (Nein, wirklich absolut nicht! Anm. d. Autoren.)

Die nächsten Schwierigkeiten traten bei den Dreisatzaufgaben auf. Ich war es aus der Schule bei solchen Aufgaben gewohnt, Nebenrechnungen auf einem Notizzettel machen zu können. Den gab es aber bei der *BfA* nicht, dafür hieß es: »Rechnen Sie die Aufgaben im Kopf.« Das erschwerte die Sache ganz gewaltig.

Im Anschluß daran hatten wir eine zehnminütige Pause. Später habe ich übrigens herausbekommen, daß andere Bewerber sich bei einem anderen Testleiter sehr wohl Nebenrechnungen auf einem extra Zettel machen durften. Sie bekamen auch eine deutlich längere Erholungspause zugestanden (ca. 30 Minuten), bevor es mit einem Konzentrationsleistungs-Test weiterging.

Wir hatten also offensichtlich Pech mit diesem Testleiter. Nach dem KLT mußten wir ein Diktat schreiben. Da der Test bis dahin scheinbar länger gedauert hatte, als geplant, diktierte der Testleiter mit einer derartigen Sprechgeschwindigkeit, daß viele kaum mitkamen. Auf die Bitte, uns den Text abschließend noch einmal richtig angemessen vorzulesen, wurde er sogar richtig wütend, sammelte einfach die Testhefte ein und ging ...

Ich ging auch. Und später übrigens nicht zur *BfA* ...

Zur Urin- und Blutprobe

Ich habe mich ebenso wie eine Freundin bei der *Hüls-AG* als Industriekauffrau beworben. Bei einem Einstellungstesttermin in einer anderen Firma lernte ich eine Bewerberin kennen, die bereits an einem Test bei der *Hüls-AG* teilgenommen hatte.

Na logisch war ich sehr interessiert und so erfuhr ich von ihr, daß man an einem Werktag um 7.15 Uhr zu einem »ganz normalen« schriftlichen Test erscheinen müsse. Nach einer längeren Wartezeit wird man als Bewerber bzw. Bewerberin gleich ärztlich untersucht.

Dann finden weitere Tests statt, z.B. ein Seh- und Hörtest (bei diesem flüstert eine Ärztin dem Bewerber Worte zu, die laut wiedergegeben werden sollen). Es folgen Urin- und Blutprobe, sogar die Messung von Brust- und Hüftumfang, wie auch eine zahnärztliche Untersuchung.

Die Ärztin fragte ohne mit der Wimper zu zucken: »Sind Sie schwanger – wann war denn der erste bzw. der letzte Tag Ihrer letzten Regelblutung?« Eine Freundin bestätigte mir diese Methoden, nach denen auch sie »getestet« worden war. Bei der zahnärztlichen Untersuchung stellte man bei ihr übrigens ein Loch im Zahn fest (kein Wunder, denn am Tag zuvor war ihr eine Plombe herausgefallen). Es wurde ihr nahegelegt, schleunigst zum Zahnarzt zu gehen und sich anschließend wieder bei *Hüls* einer erneuten Zahnuntersuchung zu unterziehen.

Ganz ähnlich erging es auch einer anderen Bewerberin. Als ich diese traf, erzählte sie mir, daß sie zweimal zur Blutabnahme mußte, da bei ihren Blutwerten Unstimmigkeiten aufgetreten seien ...

Als nun ich zum Test bei der *Hüls AG* eingeladen wurde, rief ich zuvor die Personalverwaltung an, um mich höflich zu erkundigen, warum nach dem Einstellungstest sofort eine ärztliche Untersuchung bei den Bewerbern durchgeführt wird. Ich wurde von der Dame am Telefon höchst unfreundlich darauf hingewiesen, daß ich »ja von der Bewerbung Abstand nehmen kann«. Da ich meine Frage nicht beantwortet sah, fragte ich noch einmal, ob die medizinische Untersuchung bei allen, also auch bei den Bewerbern, die schon aufgrund ihrer schlechten schriftlichen Testleistung ausscheiden, durchgeführt wird. Statt zu antworten, machte die Dame mir klar, daß diese Untersuchungen eine »uralte Gepflogenheit des Unternehmens« seien und »schon immer und bei jedem hier« vollzogen werden.

Daraufhin zog ich meine Bewerbung zurück und stieß damit auf Unglauben und Sprachlosigkeit. Zuletzt meinte die Dame, ich müsse ja schließlich wissen, was ich tue, es sei meine Entscheidung.

Trotz der Ungewißheit, ob ich eine Zusage bei einem anderen Unternehmen bekommen würde, bereue ich nicht, meine Bewerbung bei der *Hüls-AG* zurückgezogen zu haben.

Ganz andere Erfahrungen machte ich bei der *Hoesch-Stahl-AG* in Dortmund. Nachdem ich den Test offensichtlich bestanden hatte, wurde ich zum Vorstellungsgespräch eingeladen. Die Atmosphäre war sehr locker. Ich sollte zunächst erklären, warum ich Industriekauffrau werden wolle. Dann wurde ich nach meinen Lieblingsfächern in der Schule und nach meinen Hobbys gefragt.

Zum Schluß sollte ich noch über ein selbst gewähltes aktuelles Ereignis aus Politik, Wirtschaft oder Sport sprechen.

Mit wem möchten Sie am liebsten Ihren Urlaub verbringen?

Die Testvorbereitung hat mir sehr geholfen. Ich suchte damals einen Ausbildungsplatz als Hotelkauffrau und mußte tatsächlich genau diese Tests machen, die ich vorher bereits üben konnte. Auch die Hinweise zur emotionalen Vorbereitung haben mich sehr entlastet.

Berichten möchte ich Ihnen über einen Persönlichkeits-Test, der sicherlich rechtliche Probleme aufwirft. In diesem Test, den wir spontan bearbeiten sollten, wurden folgende Fragen gestellt:

1. Mit wem und wie würden Sie Ihren Urlaub am liebsten verbringen?
2. Welche Persönlichkeiten aus dem öffentlichen Leben imponieren Ihnen?
3. Welche gesellschaftlichen Gruppierungen bewundern Sie?
4. Welche anderen Berufe kämem für Sie noch in Frage?
5. Welche Eigenschaften muß für Sie ein Vorgesetzter haben?
6. Welche persönlichen Eigenschaften sehen Sie für Ihren zukünftigen Arbeitsplatz als ideal an?
7. Sehen Sie Ihre Ausbildung mehr als Job oder mehr als Lebensaufgabe?
8. Wie beurteilen Sie Ihr Schulzeugnis?
9. Waren Sie mit Ihren Schulnoten immer zufrieden?
10. Was haben Sie an Ihren Mitschülern und Lehrern auszusetzen?

Teilweise wußte ich in der Eile wirklich nicht, was ich spontan schreiben sollte. Das wird aber wohl mit diesem Test beabsichtigt sein. Logisch hielt ich es für falsch, die Gedanken aufzuschreiben, die mir als erstes durch den Kopf schossen.

Diese kleine Sammlung von authentischen Azubi-Berichten zeigt, was in einer Bewerbungssituation – insbesondere bei Tests und Vorstellungsgesprächen – ganz konkret auf einen zukommen kann. Da hilft vor allem eine gute Vorbereitung, die Sie mit diesem Buch begonnen haben. Sie sind auf dem richtigen Weg.

Siehe auch Stichwort »Die goldenen Daumenschrauben« (S. 154).

Berufseinstieg

Aller Anfang ist schwer

Des Menschen Wille ist sein Himmelreich – manchmal aber auch seine Hölle. Nach all den Bewerbungsmühen, die Sie auf sich genommen haben, noch immer ein bißchen schwebend auf Wolke 7, weil Sie das Abitur in der Tasche haben und die Schule hinter sich wissen ... Jetzt auch noch das: Ihr Traumausbildungs-/Arbeitsplatz. Sie haben es schriftlich, das Okay und den (Ausbildungs-)Vertrag in der Tasche.

Platzzzzz ... Aus der Traum? Die Luft ist raus. Die erste Woche, der erste Monat an Ihrem neuen Arbeits- und Lernplatz kann sehr ernüchternd wirken. Haben Sie sich an Ihrer Schule eben noch wie ein frisch Gekrönter gefühlt, spüren Sie jetzt an Ihrem neuen Arbeitsplatz die »Achtung«, die man einem Anfänger entgegenbringt. Damit aus dieser Achtung nicht Ächtung wird, sondern eines Tages eher Hochachtung, bedarf es erneut der drei von uns bereits gepriesenen Haupttugenden

Ausdauer, Geduld und Gelassenheit.

Der Berufseinstieg wird von Psychoexperten gern mit den Termini »Praxisschock« und »kritisches Lebensereignis« charakterisiert.
Und in der Tat: damit aus dem Traumjob kein Alptraum wird, muß weiter eine ganze Menge an Anpassungsleistung von Ihnen erbracht werden. Ein deutlicher Vorgeschmack war das Initiationsritual Bewerbung, daß Sie ohne eine Begabung für Anpassungsübungen wohl nicht erfolgreich überstanden hätten.

Wieder sind Sie ein Lernender und vieles in der Schule Erarbeitete erweist sich im Berufsausbildungsalltag als wenig hilfreich. Aber Sie haben ja lernen gelernt, lebenslänglich ...

Was Ihnen jetzt weiterhilft ist die genaue Beobachtung von Arbeitsabläufen und zwischenmenschlichen Beziehungen innerhalb des Arbeitsteams sowie die Ableitung von richtigen Schlußfolgerungen daraus. Schaffen Sie sich Ansprechpartner, die Sie unterstützen, die Sie hemmunglos ausfragen können. Vermeiden Sie es, sich Arbeitskollegen dadurch zu Gegnern zu machen, daß Sie vorschnell alles ganz anders und natürlich viel besser machen wollen.

Aller Anfang ist schwer.

* *Ja, auch Zwerge haben klein angefangen. Nicht wahr, Frau Voss?*
* *Ach Sie nun wieder, Herr Mühsam. Zu Ihrem Hände-Greifen-oder-Schütteln-Problem fällt Ihnen ja auch nichts ein!*
* *Und Sie, Frau Voss, mit Ihrer verdammten Fahrrad- und Reifenprüfung!«*

Merksätze

Die häufigsten Fehler und wie Sie diese vermeiden

Ein Kardinalfehler von vielen Ausbildungsplatzsuchenden ist die unzureichende Vorbereitung auf die Berufsausbildungs- und Bewerbungssituation.

Die Bewerbungsprozedur sollte mindestens ein Jahr vor dem Abitur beginnen – es sei denn, Sie wollen sich erst mal eine deutlich längere Pause gönnen.

Es ist nicht leicht, aber verdammt wichtig, herauszufinden, wer man ist, was man kann und was man will. Ein möglichst konkretes Berufsziel vor Augen zu haben, ist hilfreich und wichtig.

Die innere Vorbereitung – die richtige Einstellung zur Einstellung – ist ein entscheidender Faktor.

Recherchieren geht vor probieren, und Ausbildungsplatzsuche ist Schwerstarbeit.

Ein Bewerbungsanschreiben ist mindestens ein Tageswerk; ein Lebenslauf nicht weniger. Die richtige Vorbereitung auf ein Vorstellungsgespräch braucht mehrere Tage.

Beim Bewerbungsanschreiben kommt es ganz besonders auf die Verpackung, auf die gelungene Präsentation an.

Selbstdarstellung will geübt sein. Auch ein Schauspieler muß seine Rolle einstudieren, sich vorbereiten, üben.

Die Fragen des Vorstellungsgespräches stehen vorher bereits fest. Überlegen Sie sich vorab Ihre Antworten und die Tendenz Ihrer Präsentation.

Als Bewerber sollten Sie wissen, was und wie Sie etwas sagen wollen. Insbesondere aber muß Ihnen klar sein, was Sie nicht sagen wollen und wie Sie mit Worten schweigen.

Es geht im Vorstellungsgespräch primär um Sympathie (Persönlichkeit), Leistungsmotivation und Kompetenz. Sympathie müssen Sie gewinnen, Leistungsmotivation beweisen, und Kompetenz wird Ihnen zugeschrieben.

Verdeutlichen Sie sich: Sie bestimmen weitestgehend den Vorstellungs-Gesprächsverlauf mit.

Angemessene, selbstbewußte Bescheidenheit und höfliche Konzentration kennzeichnen einen erfolgreichen Bewerber.

Das per Grundgesetz geschützte Persönlichkeitsrecht setzt dem Fragerecht des Arbeitgebers Grenzen. Wo er diese überschreitet, dürfen Sie ungestraft lügen.

Es gibt keine unangenehmen Fragen im Vorstellungegespräch, wenn Sie die richtige Einstellung haben, gut vorbereitet sind und somit angemessen antworten können.

Was immer man gegen Sie einwendet, es kommt darauf an, wie Sie damit umgehen.

Sprechen Sie nie negativ über ehemalige Lehrer, Mitschüler und andere Personen sowie über Arbeits- und Lernbedingungen.

Ausdauer, Geduld und Gelassenheit sind die wichtigsten Eigenschaften im Bewerbungsmarathon.

Bedenken Sie: Wir sind nicht auf der Welt, um so zu sein, wie andere uns haben wollen.

Zu guter Letzt

Sollte es (wider Erwarten) mit Ihren Bewerbungen nicht geklappt haben, kommt es vor allem auf die Analyse der Situation an. Was können Sie daraus lernen, was gilt es zu verbessern?

Versuchen Sie sich gerade jetzt als Gewinner zu betrachten: Sie haben nicht gekniffen, sondern sich der Situation gestellt; Sie haben Erfahrungen gesammelt, die Sie nutzen werden; wer weiß, was Ihnen bei dem einen oder anderen Ausbildungsplatzanbieter erspart geblieben ist.

Aber: Denken Sie besser nicht oder vielleicht doch so wie Woody Allen, der in einer ähnlichen Situation nach einer Absage mal gesagt hat: Ich möchte gar nicht in einer Firma arbeiten, die Leute wie mich einstellt.

Preisverleihung

Der große Preis: Die Goldenen Daumenschrauben

Kennen Sie das alte Folterinstrument, die Daumenschrauben?

Es ist an der Zeit, einen Negativ-Preis auszusetzen, der künftig jährlich verliehen werden soll. Dieser Preis ist für Firmen oder Institutionen bestimmt, die sich durch besonders groben und inhumanen Umgang mit Bewerbern auszeichnen, indem sie ihnen in der schwierigen Situation der Arbeitsplatzsuche mit dem Gemüt eines Folterknechtes gegenübertreten und auf subtile Weise die Daumenschrauben anlegen.

So wie Personalchefs Ausbildungs- und Arbeitsplätze vergeben, haben jetzt Bewerber die Möglichkeit, bei der Vergabe der GOLDENEN DAUMENSCHRAUBEN mitzumachen (zweckdienliche Hinweise nimmt jeder Briefkasten entgegen).

Wir bitten Sie, uns Berichte von Bewerbungssituationen und Vorstellungsgesprächen zuzuschicken, wo Ihnen oder anderen als Bewerber übel mitgespielt wurde. Auf diese Weise werden Preisanwärter ausfindig gemacht. (Adresse siehe vorn im Buch.) Ihre Berichte und Vorschläge behandeln wir natürlich mit absoluter Diskretion.

Diese Preisverleihung ist Ausdruck unseres Bemühens, eine breitere Öffentlichkeit auf teilweise höchst fragwürdige, manchmal wirklich inhumane Praktiken im Umgang mit Bewerbern aufmerksam zu machen.

Die positiven Ansätze von einigen Arbeitgebern, sich um einen sensibleren Umgang mit den Bewerbern zu bemühen – einer Personengruppe, die keine Lobby hat –, sollen durch diese jährliche Preisverleihung weiter gefördert werden.

Denn: Wir haben mit Freude festgestellt, daß seit Beginn unserer Veröffentlichungen zu diesem Thema ein Prozeß des Umdenkens und der etwas kritischeren Reflektion bei Arbeitsplatzvergebern und Personalabteilungen ansatzweise spürbar geworden ist. Trotzdem bleibt noch viel zu wünschen übrig.

Ignoranten, unsensiblen Firmen und Institutionen auf dem Gebiet der Personalauswahl soll durch die Preisverleihung und die damit verbunde Resonanz in der Öffentlichkeit ein Nachdenken über den Umgang mit dem Mitmenschen in einer existentiellen Situation ermöglicht werden.

Liebe Leser: Leider können wir an dieser Stelle nicht sagen, daß wir uns über Ihre Zuschriften und Vorschläge zur Preisverleihung freuen, da wir annehmen müssen, daß Anlaß und Inhalt der Bewerbungsberichte stets unerfreulich sind. Wir erwarten aber dennoch Ihre Briefe mit Spannung und jede Anregung in Zusammenhang mit unserem Buch ist uns willkommen.

Literaturhinweise

zu Auswahl- und Testverfahren bei der Bewerbung

J.Hesse/H.C.Schrader
Das neue Test-Trainings-Programm
Frankfurt a.M. (Eichborn) 1991.
Die gesamte Palette der Testverfahren.

J.Hesse/H.C.Schrader
1001 Bewerbung
München (Goldmann Taschenbuch) 1991
Erlebnisberichte und Reports aus über 50 Berufen und noch mehr Unternehmen und Institutionen.

J.Hesse/H.C.Schrader
Testtraining für Ausbildungsplatzsucher
Frankfurt a.M. (Fischer Taschenbuch) 1985
Das Basisbuch für Testknacker.

J.Hesse/H.C.Schrader
Testtraining für Ausbildungsplatzsuchende in den 90er Jahren
Frankfurt a.M. (Eichborn) 1992
Die neuen Test-Trends und wie man sich dagegen schützt.

Berichte über Bewerbungen und Auswahlverfahren, Anregungen und Hinweise sind uns herzlich willkommen.

Sollten Sie uns schreiben, weil Sie spezielle Fragen zur Bewerbungssituation haben, sind wir bemüht, Ihnen weiterzuhelfen. Wir bitten Sie, uns durch einen adressierten und frankierten Rückumschlag zu unterstützen. Sie können aber auch gerne anrufen (am besten in der Zeit von 18 – 19 Uhr, montags bis freitags, ggf. hinterlassen Sie uns bitte eine Nachricht auf unserem Anrufbeantworter).

Unsere Anschrift:
Jürgen Hesse/Hans Christian Schrader
c/o Eichborn Verlag
Hanauer Landstraße 175
6000 Frankfurt a.M. 1

oder direkt an
Hesse/Schrader
Büro für Berufsstrategie
Handjerystr. 17
1000 Berlin 41
Tel. 030-401 18 27

* *Auch wir, Frau Voss und ich, möchten uns von Ihnen verabschieden und sagen, daß Zuschriften ...*
* *Ach wäre das schön, von Ihnen etwas zu hören ...*
* *Nein, Frau Voss, es geht nicht um Ihre Eitelkeit! Zuschriften sind wichtig, damit unsere Herren Autoren über die reale Test- und Bewerbungssituation was erfahren. Schließlich können die sich nicht selbst überall vorstellen.*
* *Aber das weiß ich doch längst! Was glauben Sie denn, warum hier vorn und hinten und überall die Anschrift steht?*

– Vielen Dank, das reicht jetzt aber, Herr Mühsam, Frau Voss.

Anhang

Einschätzung

Ich bitte Dich/Sie, bei den folgenden Merkmalen und Eigenschaften um eine Einschätzung zu meiner Person. Wie siehst Du/sehen Sie mich?

Wie stark ist beispielsweise Deiner/Ihrer Meinung nach das Merkmal »Leistungsbereitschaft« bei mir ausgeprägt?

Um die einzelnen Merkmale einschätzen zu können, gibt es für jedes eine Ausprägungsskala von +3 bis −3. Die extremen Pole sind +3 (= sehr stark ausgeprägt bzw. vorhanden) und −3 (sehr schwach ausgeprägt, kaum vorhanden), die Mitte liegt bei 0 (teils/teils, weder noch).

Falls Sie zu einzelnen Merkmalen bzw. Eigenschaften Fragen haben, nicht sicher sind, ob es so oder anders gemeint ist, was eigentlich unter dem Begriff ... zu verstehen ist – entscheiden Sie bitte für sich, was Sie unter dem Merkmal (der Eigenschaft) verstehen. *(Bitte umblättern!)*

+3 = sehr stark ausgeprägt
+2 = deutlich ausgeprägt
+1 = ausgeprägt
0 = teils/teils
−1 = weniger ausgeprägt
−2 = schwach ausgeprägt
−3 = sehr schwach ausgeprägt

Lernbereitschaft	+3	+2	+1	0	−1	−2	−3
Leistungsbereitschaft	+3	+2	+1	0	−1	−2	−3
Auffassungsvermögen	+3	+2	+1	0	−1	−2	−3
Aufgeschlossenheit	+3	+2	+1	0	−1	−2	−3
Selbstdisziplin	+3	+2	+1	0	−1	−2	−3
Belastbarkeit	+3	+2	+1	0	−1	−2	−3
Ausdauer/Geduld	+3	+2	+1	0	−1	−2	−3
Pflichtbewußtsein	+3	+2	+1	0	−1	−2	−3
Verantwortungsbewußtsein	+3	+2	+1	0	−1	−2	−3
Zuverlässigkeit	+3	+2	+1	0	−1	−2	−3
Ordnungssinn	+3	+2	+1	0	−1	−2	−3
Ehrlichkeit/Loyalität	+3	+2	+1	0	−1	−2	−3
Vertrauenswürdigkeit	+3	+2	+1	0	−1	−2	−3
Begeisterungsfähigkeit	+3	+2	+1	0	−1	−2	−3
Zielstrebigkeit	+3	+2	+1	0	−1	−2	−3
Organisationsvermögen	+3	+2	+1	0	−1	−2	−3
Eigeninitiative	+3	+2	+1	0	−1	−2	−3
Entscheidungsfähigkeit	+3	+2	+1	0	−1	−2	−3
Spontaneität	+3	+2	+1	0	−1	−2	−3
Risikobereitschaft	+3	+2	+1	0	−1	−2	−3
Selbstsicherheit	+3	+2	+1	0	−1	−2	−3
Selbständigkeit	+3	+2	+1	0	−1	−2	−3
Durchsetzungsvermögen	+3	+2	+1	0	−1	−2	−3
Überzeugungskraft	+3	+2	+1	0	−1	−2	−3
Kreativität	+3	+2	+1	0	−1	−2	−3
Kontaktfähigkeit	+3	+2	+1	0	−1	−2	−3
Anpassungsfähigkeit	+3	+2	+1	0	−1	−2	−3
Teamfähigkeit	+3	+2	+1	0	−1	−2	−3
Kommunikationsfähigkeit	+3	+2	+1	0	−1	−2	−3
Kompromißbereitschaft	+3	+2	+1	0	−1	−2	−3
Toleranzfähigkeit	+3	+2	+1	0	−1	−2	−3
Zuhörfähigkeit	+3	+2	+1	0	−1	−2	−3
Kritikbereitschaft	+3	+2	+1	0	−1	−2	−3
Hilfsbereitschaft	+3	+2	+1	0	−1	−2	−3

Achtung

Was Personalchefs unruhig werden läßt: Bewerber, die sich auf das Auswahlverfahren mit Hilfe des Buches

Das neue Test-Trainings-Programm

vorbereitet haben.

Wenn Ihnen dieses Buch hier gefallen hat, sollten Sie sich unser Hauptwerk nicht entgehen lassen:

Auf 300 Seiten: Der umfassendste und aktuellste Report und Ratgeber für die Bewerbungsszenerie der 90er Jahre – ein Selbsthilfe- und Trainingsprogramm für alle Arten von Tests bei namhaften Anwender-Firmen und Institutionen, wie z.B.:

Deutsche Bank, Daimler-Benz, Auswärtiges Amt, Öffentlicher Dienst (Niedersachsen, Hessen, NRW), BND, Hamburg-Mannheimer, Henkel, Lufthansa, Siemens, Sparkasse und viele andere.

Ob bei Kirchens, als Psychiater, EDV-Spezialist, Polizist, Journalist, Bank-, Reiseverkehrs- oder Versicherungskaufmann, Stewardess oder Sozialarbeiter – dieses Buch hilft Ihnen weiter.

*

Mit den Wochentagen kennen Sie sich aus, aber mit Testaufgaben wie diesen?

Vorgestern waren es drei Tage vor Dienstag. Welchen Tag haben wir nach übermorgen?

Vielleicht wissen Sie ja, wer Roxane war und was das Gemeinsame von Aktentasche und Gasometer ist?

Sie können über 20 weitere Testaufgabentypen mit etwa 500 Einzelaufgaben üben.

Angenommen, Sie bewerben sich als Betriebswirt(in): Wie würden Sie denn auf folgende Frage antworten:

Wenn ich mit einer schweren Erkältung im Bett liege, erlebe ich dies als

a) als eine Art von Urlaub

b) macht mich das besorgt, weil ich nicht arbeiten kann

c) teils-teils

Mit solchen und ähnlichen Fragen versucht man, die Bewerberpersönlichkeit zu durchleuchten. Dieses Buch macht die gängigsten Persönlichkeits-Testverfahren transparent: Personalfragebögen ebenso wie Motivations-, Baum- und Farb-Tests.Zusätzlich: Extrakapitel über Körpersprache, Graphologie und (Ver-) Kleidung.

Ob Gruppendiskussion, Kurzvortrag oder Assessment-Center: Lernen Sie, auch die mündlichen Testverfahren zu durchschauen.

Berichte von teilweise haarsträubenden Vorkommnissen im Umgang mit Bewerbern werden dokumentiert:

- Da sollen Bewerber bei der Commerzbank Kühlschränke an Eskimos verkaufen und eine Mitgliedschaft im Single-Club an Verheiratete;
- der Pillengigant Ciba-Geigy erkundigt sich bei jungen Frauen nach Problemen in der Pubertät;
- einer arbeitslosen Sozialarbeiterin wird bei Bewerbungen immer wieder empfohlen, sich doch ehrenamtlich zu engagieren;
- die Deutsche Gesellschaft für Personalwesen (ein nicht gemeinnütziger, aber nach eigener Darstellung ungemein nützlicher Verein) testet u.a. Bewerber für das Auswärtige Amt. Überraschendste Fragen: Wo steht das Männeken Piß? – und: Warum hat das Ausland Angst vor Hans-Dietrich Genscher?
- ein betrogener Ehemann schüttet seiner Ehefrau Säure ins Gesicht; ein schuldlos verschuldeter Mann überfällt eine Rentnerin – Henkel will von Bewerbern wissen, was schlimmer ist und ob man sich auch bei BAYER beworben habe;
- vom Lufthansa-Psychiater Dr. F. lernt der Bewerber, daß ein schwieriger Fluggast eine größere emotionale Herausforderung bedeutet als ein Patient im Krankenhaus.

*

Wie reagieren die Personalabteilungen von 50 bundesdeutschen Großunternehmen und Institutionen, wenn sie direkt auf die Problematik der testgesteuerten Bewerberauswahl angesprochen werden? Eine interessante Fragebogenuntersuchung, die erstmalig in dieser Form durchgeführt wurde.

Und was sagen Prominente aus Politik, Wirtschaft und Kultur dazu, wenn sie einen Test machen sollen ... Die grüne Jutta Ditfurth z.B. wurde rot ...

Das neue Test Trainings Programm
Eichborn Verlag Frankfurt a. M. 1991, 300 Seiten, 29,80 DM

Stichwortverzeichnis